LETTRE

A MESSIEURS

LES OFFICIERS FRANÇOIS;

AU SUJET DE CELLE ÉCRITE

PAR M. DE LACLOS,

Capitaine au Corps Royal d'Artillerie, &c.

A MM. DE L'ACADÉMIE FRANÇOISE.

DANS LAQUELLE

Il les blâme d'avoir proposé l'Eloge du Maréchal de Vauban, pour sujet du prix d'Eloquence de l'année 1787.

Merses profundo, pulchrior evenit. HORAT, *Lib.* 4. *Ode.* 4.

A PENTFELD.

1786.

LETTRE

A MESSIEURS

LES OFFICIERS FRANÇAIS.

Messieurs,

Vous avez tous, jusqu'à ce jour, mis le Maréchal de Vauban au rang des grands hommes dont s'honore la France. Trompée par les hommages que vous avez conftamment rendus à la mémoire de ce guerrier célebre, l'Académie Françaife a proposé fon éloge, pour fujet du prix d'éloquence de l'année 1787. Un Militaire, déjà connu par un ouvrage d'un genre fort différent de tous ceux du Maréchal de Vauban (*a*), lui refuse nettement le titre de grand homme, dans une lettre adressée à Messieurs de l'Académie Françoise, & les blâme vivement de l'avoir choisi pour le héros d'un éloge public (*b*).

Ce n'est point, nous dit-il, *l'envie de rabaisser un homme célebre*, qui lui fait

---

(*a*) Les liaisons dangereuses, ouvrage, suivant moi, de beaucoup supérieur à la plus grande partie de nos romans françois. On a reproché vivement à l'Auteur les affreux caracteres de Valmont & de Madame de Merteuil; mais est-il bien sûr qu'ils soient exagérés ? D'ailleurs que ne lui pardonnera pas tout cœur sensible en faveur de cette Tourvel si noble, si tendre, si éloquente ! Prêt à défendre le génie du Maréchal de Vauban contre M. de Laclos, je saisis avec empressement cette occasion de rendre hommage aux talens du dernier.

(*b*) Voyez les pages 4, 5 & 6 de la lettre à Messieurs de l'Académie. En voici quelques traits. « Il est nécessaire d'exa-
» miner deux questions ... l'une si M. de Vauban fut en effet
» un grand homme; l'autre, si la génération présente lui doit
» quelque reconnoissance. J'avoue que j'ai depuis long-tems
» l'opinion contraire. . . . . . Les honneurs rendus à M. de
» Vauban ne peuvent être exagérés sans être dangereux. . . .
» Après les places éminentes il est encore des places hono-
» rables; mais les confondre, seroit abaisser les unes, sans
» élever les autres. A ce premier danger se joint le danger
» plus grand de consacrer les erreurs de celui qu'on semble
» alors proposer pour modele, &c. »

prendre la plume en cette occasion, mais la crainte des suites funestes que peut entraîner après lui ce choix hasardé de l'Académie : il y trouve *deux dangers* pour la patrie ; l'un déjà très-grand *de confondre avec les Places éminentes* chez la postérité, *les Places honorables* qui sont *après elles*, & c'est une de ces dernieres qu'il assigne à Vauban ; l'autre *plus grand* encore de *consacrer les erreurs de celui qu'on semble alors proposer pour modele :* c'est, comme vous voyez, un patriote zélé qui tremble pour l'État ; il le dit, & nous devons l'en croire. Au reste, quel que soit le droit en vertu duquel il a cru pouvoir réclamer contre le choix de l'Académie, & contre l'opinion publique, je l'ai pareillement, sans doute, de m'élever contre sa réclamation. Permettez que j'en use pour venir plaider la cause de Vauban devant vous, Messieurs, juges naturels, & seuls compétens en cette occasion.

Déjà vous saisissez d'un coup d'œil tous les points à discuter entre M. de Laclos & moi.

1°. Que Vauban soit en effet grand homme

ou fimplement *homme célebre*, l'Académie Françoife a-t-elle eu tort d'ordonner son éloge ? Les deux dangers qu'y trouve M. de Laclos ont-ils la moindre réalité, & l'é-tonnante réclamation que lui font faire fes terreurs patriotiques, eft-elle bien fondée?

2°. Le Maréchal de Vauban n'eft-il en effet qu'*un homme célebre ?* N'a-t-il pas au titre de grand homme, des droits incontef-tables ? *& la génération préfente ne lui doit-elle aucune reconnoiffance ?*

3°. Ces nombreufes erreurs dont l'accufe M. de Laclos, eft-il bien fûr que Vauban les ait faites ?

Rien de plus vrai ni de plus connu que tout ce que dit M. de Laclos fur l'opinion de corps; auffi me hâté-je avant tout, de déclarer hautement, que c'eft uniquement la mienne que je défends ici; c'eft de mon feul & propre mouvement, que je me porte pour le défenfeur du Maréchal de Vauban, & fous tout autre habit je le ferois de même. M. de Laclos ne voit dans lui qu'un homme ordinaire, & le dit tout haut à MM. de

l'Académie Françoife, qui, peut-être, ne
l'en croiront pas; moi j'y vois un grand
homme, & le dis auffi tout haut, non pas
à des Académiciens, mais à vous, Meffieurs,
qui m'en croirez, peut-être. J'entre en
matiere.

Il eft dangereux fans doute d'affocier
le mérite du fecond ordre aux honneurs
réfervés à celui du premier, quand ces
honneurs entraînent, après eux, quelque
portion de l'adminiftration publique. Mais
il n'en eft pas ainfi de ces hommages de
louange & de vénération que la poftérité
diftribue au petit nombre de guerriers dont
les noms ont eu le bonheur de furnager
fur ce gouffre d'oubli où les générations
viennent tour à tour s'engloutir pour jamais.
Le Sculpteur, le Peintre, le Poëte, l'Orateur, l'Hiftorien, laiffent aux races futures
leur ame & leur génie avec leurs ouvrages.
Le public éclairé peut toujours déterminer
avec précifion le dégré d'eftime qu'il doit
à des talens que, pour ainfi dire, il palpe à
tout moment. Que refte-t-il communément
du plus illuftre guerrier ? fa mémoire. Mais,

dira-t-on, Vauban eſt, à cet égard, dans le cas des Artiſtes; ſes nombreuſes fortereſſes exiſtent; elles ſont ſous nos yeux; nous y pouvons tout à l'aiſe apprécier ſon génie. D'accord. Mais oublions pour un moment, que Vauban ait jamais conſtruit des fortereſſes; ne conſidérons en lui, dans cet inſtant, que l'inventeur des paralleles, du ricochet, des ſapes; que le Général dont les ſages précautions préſerverent d'invaſion la Flandre Maritime, en des tems déſaſtreux; dont la conduite, toujours ferme & prudente, fit échouer les efforts de l'Anglois, ſur les côtes de Bretagne. Ce double titre ſuffit ſans doute pour lui mériter une de ces *places honorables* que M. de Laclos trouve ſi dangereux de *confondre* avec les *éminentes*.

Or, c'eſt uniquement ce prétendu péril de *confondre* dans l'opinion de la poſtérité, ces deux claſſes de morts illuſtres, dont il s'agit en cet endroit. Il ſeroit triſte, Meſſieurs, que ce danger fût réel, car M. de Laclos lui-même conviendra qu'il eſt inévitable. Quel œil en effet ſe flattera de ſaiſir avec précifion les nuances qui diftinguent le héros moindre du plus grand ? qui pourra fur - tout déterminer avec exactitude le dernier de la premiere claffe, & le premier de la feconde ? Quelle main affez sûre ofera pofer la borne invariable en deçà de laquelle on n'a plus droit aux éloges publics ? M. de Laclos craint-il donc qu'il n'y ait foule pour la gloire ? N'eft-il pas plus honorable pour les nations, comme pour les particuliers, d'excéder en reconnoiffance, que de courir le hafard d'être ingrates ? Et quel inconvénient trouve-t-il, après tout, à cet excès de refpect pour tout nom, que la mort n'a pu anéantir avec le guerrier qui le porta ? Si l'opinion publique mettoit Regnard & Deftouches à côté de Moliere, ou Mignard & le Brun à côté de le Sueur, l'art y perdroit fans doute, puifqu'il fuivroit évidemment delà, que le goût général feroit devenu moins délicat & moins sûr. Mais, quand l'Europe entiere placeroit Vendôme, Luxembourg, Catinat & Villars dans la même claffe que Turenne & Condé, qu'y perdroit, je vous prie, l'Art militaire ? Ce

grand Art n'eft pas un Art de tradition, &
la plus grande partie des meilleurs Généraux,
avoient plus vu que lu. Il eft poffible, fans
doute, que, fi jamais la Grece n'eût produit
Demofthene, Ciceron n'eût pas été le plus
éloquent des Romains; mais, quand même
Alexandre n'auroit jamais vécu, Céfar en
eût-il moins été l'un des premiers guerriers
du monde? Qu'y perdroit d'ailleurs la gloire
de Turenne & celle de Condé? En hauffant
Villars à leur niveau, n'eft-il pas évident
que je l'agrandis fans les rapetiffer. C'eft
bien moins la rareté des places chez la poftérité, qui fait leur importance, que la
nature des hommages qu'elles affurent aux
morts qui les occupent. Moliere & la
Fontaine font inconteftablement, & d'un
nombre prodigieux de rangs, les premiers
de leur claffe, ou plutôt, chacun d'eux en
eft feul. Aucun homme de guerre, n'eft
avec la même évidence, le premier ou le
feul de la fienne. Qui n'avouera pourtant que
la gloire d'un Condé, d'un Turenne, en
impofe davantage à fon imagination? Un plus
profond refpeƈt eft le jufte prix de facrifices

plus grands & plus pénibles, faits à la chofe
publique. Cette claffe de morts peut augmenter, fans rien perdre de fa confidération;
les befoins de la patrie l'avertiffent, chaque
jour, qu'elle n'aura jamais affez de pareils
citoyens. L'héroïque dévouement du fecond Décius, ne fit pas oublier aux Romains
celui du pere, ni les triomphes de Pompée
ou de Céfar, ceux de Marius & des deux
Scipions. Ce fcrupule févere que M. de
Laclos prefcrit aux hommages de la poftérité, n'eft-il pas tout auffi propre, au moins,
à décourager le grand talent modefte, en
retréciffant fi fort à fes yeux le Temple de
la gloire, qu'à l'animer par l'afpect d'une
place plus éminente, qu'il fe flattera peu
d'y jamais occuper ? Mais c'eft m'arrêter
trop long-tems à raffurer M. de Laclos fur
un danger qu'il ne peut, tout bien confi-
déré, croire fort férieux. Pour le fecond
péril qui l'alarme, c'eft une autre affaire,
Meffieurs. Il tremble tout de bon que l'éloge
public de Vauban *ne confacre les erreurs
de celui qu'alors on femblera propofer pour
modele.* Il s'agit d'erreurs en fortification,

erreurs cheres, erreurs durables, erreurs qui peuvent compromettre le falut de l'État; tout bon citoyen fans doute s'alarmeroit à moins. M. de Laclos trouve le péril fi réel, fi preffant, qu'il doute peu que Vauban lui-même, dont, avec tout le monde, il reconnoît la juftice, la fageffe & la candeur; à qui de plus il fuppofe, comme vous allez voir, la plus édifiante humilité, *ne réclamât avec lui contre un excès d'honneur qui ne peut que retarder les progrès d'un art auquel il s'étoit entièrement dévoué.*

J'ignore, Meffieurs, fi le Maréchal auroit en effet cette délicate & modefte inquiétude; mais celles de M. de Laclos m'étonnent, je l'avoue. Il a long-tems habité Metz, & doit connoître les doubles couronnes de Mofelle & de Belle-croix, conftruites fous le dernier regne. Il eft trop éclairé pour n'avoir pas faifi les différences fenfibles qui diftinguent leur tracé de tous ceux de Vauban; comment donc peut-il craindre que les Ingénieurs François, n'ofent ou ne fachent jamais faire autrement que leur illuftre maître? Il finiroit, j'en fuis fûr, par rire de

(13)

fa peur, en lifant les excellens & nombreux Mémoires de MM. de Cormontagne & de Fourcroy. Il y verroit plus d'une fois ces deux hommes célebres, réformer les idées du Maréchal de Vauban (*). Plufieurs autres Officiers du Génie ont de nos jours propofé de grandes innovations dans l'Art de fortifier. Ce n'eft pas ici le lieu d'examiner fi tous ont mieux fait que leur maître; ils ont fait autrement, & cela fuffit pour prouver qu'ils ne fe traînoient pas fur fes traces, & que leur jufte refpect pour fon génie, fut toujours bien loin de ce *refpect prefque religieux* qui leur eft reproché dans la lettre à MM. de l'Académie. Jamais Corps ne fut moins *fervum pecus*, que le Corps Royal du Génie, & le plus grand nombre de fes membres y prit de tout tems pour fa devife ce Vers fi connu :

Nullius addictus jurare in verba magiftri.

C'eft tout ce que mon habit me permet

---

de dire à l'avantage de ce Corps; & je l'ai dit, non pour le louer, efpece d'hommage dont, à l'exemple de ce Vauban, fon premier inftituteur, il eft bien plus digne qu'avide; mais pour tranquillifer M. de Laclos, & prémunir l'Académie Françoife contre les craintes qu'on lui veut infpirer, j'ofe l'affurer avec confiance que les honneurs qu'elle a décernés à Vauban, ne confacreront pas plus *fes erreurs* parmi nous, que ceux qu'on a fi juftement prodigués au grand Corneille, n'ont confacré, parmi nos Poëtes tragiques, fes folécifmes & fes déclamations.

Mais que viens-je de découvrir, Meffieurs? Tout ce que j'ai dit là, M. de Laclos le fait auffi bien que moi. En rejettant les yeux fur fon écrit, je l'y furprens, page 11, prouvant l'infuffifance des méthodes adoptées par Vauban, par *les changemens plus ou moins confidérables qu'y ont fait ou voulu faire les Ingénieurs les plus célebres.* M. de Laclos ne fauroit donc croire à ce refpect aveugle & fervile qui fembloit l'alarmer fi fort; fes craintes ne font donc pas réelles, &, d'après ce paffage, ne doivent plus paroître qu'une adresse oratoire; dont c'est aux connoisseurs à le féliciter.

Mais que ses inquiétudes soient réelles ou non, je viens ce me semble, Messieurs, de lui prouver qu'elles sont peu fondées, & que par conséquent elles n'ont pu lui fournir une juste raison de blâmer le choix de l'Académie, & l'hommage public dont elle honore la mémoire du Maréchal de Vauban. La réclamation de M. de Laclos tombe donc avec les deux motifs sur lesquels elle porte uniquement, de l'aveu même de l'Auteur; motifs, au reste, qui doivent nous donner la plus haute idée de son patriotisme. On ne peut en effet lui supposer d'autres vues; le moyen de croire qu'un membre de l'Artillerie Françoise, se fût fait un plaisir malin de déprimer un mort illustre, à qui toutes les branches du Génie militaire ont de si grandes obligations !

Il suit, Messieurs, de tout ce que je viens de dire, que Vauban n'eût-il réellement été qu'*un homme célebre* ; ne méritât-il en effet qu'une de *ces places honorables au-dessous des éminentes*, à laquelle son détracteur veut le faire defcendre ; l'Académie Françoife peut le louer, & M. de Laclos peut la laiffer faire fans que des éloges de l'une ou du filence de l'autre, il réfulte aucun inconvénient pour la chofe publique. Mais, dans la vérité, l'Académie n'a fait qu'acquitter une dette de la Patrie, en payant ce tribut de gloire au Maréchal de Vauban. Il fut véritablement grand homme; il le fut dans le fens le plus étendu qu'on puiffe attacher à ce mot. Je me fuis engagé, Meffieurs, à le prouver, & j'ofe me flatter d'y réuffir fans peine.

Les vertus les plus pures dans une ame commune ne feront jamais qu'un honnête & bon citoyen; mais, quand elles germent dans une ame vigoureufe & grande, elles l'élevent au-deffus du niveau de l'humanité, & fuffifent pour affurer le titre de grand homme à celui qui trouve occafion de les déployer dans toute leur étendue. Ce Caton, dont le Prince de l'Hiftoire Romaine nous dit que jamais perfonne, en le louant, n'a pu rien ajouter à fa gloire, ni rien en retrancher en le déprimant, quoique des Génies

du

du premier ordre (c) ayent tenté l'un &
l'autre, ce Caton que Séneque aime à con-
fidérer debout & ferme au milieu des ruines
publiques; que, fuivant le même Philo-
fophe, Dieu dut fe plaire à regarder luttant
contre l'adverfité; de qui le fouvenir nous
pénetre encore d'une fainte vénération; ce
Caton, Meffieurs, fut fans doute un grand
homme. Le fort femble avoir pris plaifir à
le placer entre Céfar, Pompée & Cicéron,
pour prouver aux hommes combien la fublimité des vertus mene plus fûrement
encore à l'immortalité, que la fublimité
des talens. Quelle qu'ait été la mefure de
ceux de Caton, ils furent inférieurs, fans
doute, à ceux des brillans mortels dont je
viens de parler; leurs noms cependant feront toujours bien loin d'exciter dans les
cœurs, & le même refpect & le même en-
thoufiafme. Les tems funeftes de Néron
furent plus illuftrés encore par l'ame augufte

____

(c) Cicéron & Céfar; le premier compofa le panégyrique
de Caton, auquel le fecond répondit par une fatyre intitulée
l'Anti-Caton.

B

de Traféas, que par le génie éclatant de Séreque, ou les trophées de Corbulon. Si, depuis l'héroïque Louis IX, quelqu'un, chez nos Français, a pu le difputer en vertus mâles & romaines aux deux ames fublimes que j'ai citées, c'eft, j'ofe hardiment l'avancer, le Maréchal de Vauban (d). Parcourez fon hiftoire, Meffieurs, vous l'y verrez fans ceffe dévoré de l'amour de la patrie & de l'humanité, ne refpirant, ne penfant, n'agiffant que pour elles. Son ame expanfive & brûlante ne laiffe pas un moment de repos à fes facultés phyfiques & morales ; s'il vient de reculer ou de raffurer les frontieres du Royaume, d'en conftruire ou d'en défendre les Ports, c'eft pour courir féconder fes Provinces, en traçant des canaux (e),

---

(d) M. de Fontenelle, qui parloit de ce grand homme devant tous gens qui l'avoient connu, termine fon éloge par dire, avec autant d'éloquence que de vérité : « en un mot, » c'étoit un Romain qu'il fembloit que notre fiecle eût dérobé » aux plus heureux tems de la République ».

(e) Le canal de Languedoc projetté par *Riquet*, mais dirigé par *Vauban*. On ne doit pas omettre pour fa gloire, que, quoique alors Lieutenant général, & Directeur général

en ouvrant des routes; on l'apperçoit par-
tout où il y a quelque bien à faire , ou
quelque mal à arrêter. Cette vie ſi active
ne l'eſt pas encore aſſez au gré de ſon ame
de feu : il ne ſe délaſſe des travaux que lui
coûte le bien qu'il fait, qu'en déſirant, qu'en
indiquant à l'autorité ſuprême, celui qu'il
n'eſt pas en ſon pouvoir de faire. Delà naît ce
projet de dixme royale, dont il eſt fâcheux
ſans doute de voir M. de Laclos faire ſi peu
de cas (ƒ), mais que loue & qu'admire ce

---

des Fortifications du Royaume , il ne dédaigna pas de s'occuper perſonnellement des moindres détails de cet important
travail. On conſerve encore divers Nivellemens, & les plans,
élévations & profils des cinq baſſins & des ſept écluſes qui for-
ment des deux côtés d'une montagne, près de *Beziers*, cet
étonnant amphithéâtre d'eaux, tous faits ou deſſinés par lui-
même.

(ƒ) Annales politiques, Février 1780. Il ne paroît pas
que, du tems du Maréchal, on ait douté qu'il fût l'auteur de
la dixme royale, où d'ailleurs on retrouve par-tout ſa maniere
de voir & de s'exprimer. Qu'elle ſoit au reſte d'un autre ou
de lui , comme il adopta cet ouvrage, en le préſentant au
Roi, en louant publiquement ſes principes, il paroît auſſi
juſte de lui en faire honneur, s'il eſt utile & bon, que de le
lui reprocher, s'il n'offre en effet qu'un vain bavardage.

Linguet , penseur aussi profond qu'Orateur éloquent ; delà, pour me servir des
expressions de Fontenelle que dénature
étrangement ici M. de Laclos (*g*), moins
attentif sans doute à ce qu'a dit Fontenelle,
qu'à ce que lui-même alloit dire ; delà dans
chaque pays cette attention continuelle *à*
ce qui pouvoit le rendre meilleur ; delà ces
projets de grands chemins , de ponts , de
navigations nouvelles , projets dont il n'étoit
pas possible qu'il espérât une entière exécu-
tion , especes de songes (h) , si l'on veut ,
mais qui du moins , comme la plupart des
véritables songes , marquoient l'inclination

(*g*) « Je ne suppose point , dit M. de Laclos, page 6 ,
» que l'Académie compte dans les titres d'éloges de M. le
» Maréchal de Vauban, ni la dixme royale ... ni ces volu-
» mineuses *oisivetés* que M. de Fontenelle, si accoutumé à
» louer, n'ose citer lui-même que comme des *especes de*
» *songes ;* tous ouvrages au surplus qui prouvent que leur
» auteur avoit l'amour du bien , mais non les lumieres
» nécessaires pour l'opérer ». On va voir tout à l'heure
que Fontenelle est assez hardi pour faire très - grand cas de
ces *especes de songes*, & dans quel sens il leur donne ce
nom.

(*h*) Le trésor royal, moins riche en fonds , que la tête de
Vauban en projets utiles ; n'eût pu suffire à les réaliser ; voilà

dominante. Delà ces douze tomes, non des *fonges* utiles, dont on vient de parler, mais, (& c'eſt toujours Fontenelle qui parle dans un autre paſſage trop éloigné du premier pour que M. de Laclos eût du les confondre). Mais, *de ſavantes oiſivetés où l'on trouve un prodigieux nombre d'idées, qu'il avoit ſur différens ſujets qui regardoient le bien de l'Etat, non-ſeulement ſur ceux qui lui étoient les plus familiers, tels que les fortifications, le détail des places, la diſcipline militaire, les campemens, mais encore ſur une infinité d'autres matieres qu'on auroit crues plus éloignées de ſon uſage, ſur la Marine, ſur la courſe par mer en temps de guerre, ſur les Finances même, ſur la culture*

---

pourquoi l'Auteur lui-même ne pouvoit en eſpérer l'entiere exécution. C'eſt en ce ſens que Fontenelle les appele des *eſpeces de ſonges* ; ce qui précede & ce qui ſuit, ne permet pas de douter qu'il ne les regarde d'ailleurs, comme utiles & profondément ſenſés. Auſſi M. de Laclos a-t-il eu grand ſoin de ſupprimer tout le reſte pour ne conſerver que cette expreſſion équivoque, des *eſpeces de ſonges* ; ce trait devient dès-lors une véritable épigramme contre Vauban, ſur-tout ſortant de la bouche d'un Orateur *ſi accoutumé à louer*, comme l'a fort adroitement obſervé M. de Laclos.

B iij

des forêts, fur le Commerce & fur les Colo-
nies Françaifes en Amérique. Une grande
paffion fonge à tout. . . . S'il étoit poffible
que les idées qu'il y propofe s'exécutaffent,
ces oifivetés feroient plus utiles que tous fes
travaux. Pardonnez-moi, Meffieurs, cette
longue citation; M. de Laclos avoit, je ne
fais pourquoi, fi fort tronqué tous ces paf-
fages, que j'ai cru néceffaire de vous les
rappeler dans toute leur étendue. Parcourez, Meffieurs, ces laborieufes oifivetés,
dont il fe peut que tel qui les dédaigne n'ait
jamais connu que le nom; & vous vous
plairez à vous figurer, avec moi, Vauban
revêtu du pouvoir fuprême, fans ceffe par-
courant, comme le Nil, toutes les provinces
d'un vafte Empire, & par-tout, comme lui,
répandant l'abondance & la félicité. Etre
utile à fes concitoyens, fut fa grande ou
plutôt fon unique paffion. Mais avec quelle
force il en fut dominé ! Cette éclatante
dignité, l'objet de la plus haute ambition
de nos guerriers, Vauban la fuit avec tout
l'empreffement qu'un autre eût mis à l'obtenir, & qu'il a mis lui-même à la mériter.

Son élévation, dit-il au Roi, va rendre dé- formais ſes talens inutiles ; & il ne tint pas à lui que le Prince magnanime aux yeux duquel ce refus ne faiſoit que l'en rendre plus digne, n'eût pour ſes nobles délicateſſes l'égard injuſte de les écouter. Vous le pein- drai-je depuis inquiet du ſuccès du ſiége de Turin, ſuppliant le hautain la Feuillade, ſimple Lieutenant général, & plus inférieur encore à Vauban en talens qu'en grade, de lui permettre de laiſſer à Paris ſa gloire & ſon Bâton de Maréchal, pour aller, ſous ſes ordres, diriger les attaques ? Le préſomptueux favori refuſe avec dédain, & même avec inſulte, ſes talens & ſon offre (*i*), & ce refus ſauve à la fois Turin, & commence en Italie les malheurs de la France. Ce procédé choquant n'a d'amer pour le Maréchal que les ſuites funeſtes qu'il en prévoit ; la Patrie abſorbe toute ſa ſen- ſibilité, & c'eſt en elle ſeulement qu'il peut être offenſé. Et voilà l'homme que M. de

______

(*i*) Il répondit au Maréchal qu'il comptoit prendre la Place à la Cohoern. On ſait comme il la prit.

Laclos juge indigne d'un éloge public (*) ?
Ce même homme, que la noble fuperftition
des Anciens eût placé parmi les demi-Dieux,
M. de Laclos le rejette du fein de nos grands
hommes ! Ah, j'en appele à vous, peuple
connoiffeur & fenfible, généreux Athé-
niens ! Vous que l'on vit jadis admirer plus
encore l'ame d'Ariftide que le génie de
Thémiftocle ; fi Vauban fût né parmi vous,
quand à cette vertu fi pure, fi ferme, fi
active, il n'eût pas joint des talens fublimes,
en auriez-vous moins confacré fa mémoire
par d'éloquens panégyriques ? c'étoit, felon
vous, ramener l'éloquence à fon plus noble
ufage, que l'employer à louer les Dieux ou
les mortels qui leur reffemblent. Mais ce n'eft

(*) Suivant M. de Laclos, les vertus qu'on admire dans
Vauban, ne font pas affez rares en France, pour y devenir
l'objet d'un éloge public. Je ne doute pas que notre patrie n'a-
bonde en gens de bien ; mais je n'en crois pas moins les ames de
la trempe de celle de Vauban, rares en tout fiecle, ainfi qu'en
tout pays. Au refte, le compliment que fait ici M. de Laclos
à fes contemporains, contrafte affez plaifamment avec ces
mots : *j'ai vu les mœurs de mon fiecle, & j'ai publié ces
lettres*, qui fervent d'épigraphe aux liaifons dangereufes.
Dans lequel des deux ouvrages veut-il être cru ?

pas, Messieurs, à ses vertus seules que le Maréchal de Vauban dut sa gloire, & ses vastes & nombreux talens n'ont pas moins que son ame, honoré son siécle, sa patrie & l'humanité.

C'est l'invention qui caractérise le génie; & toujours, en matiere importante, elle a suffi pour immortaliser l'inventeur. Or, qui niera que la découverte de l'art des siéges, tel que Vauban l'a transmis à l'Europe, n'ait eu pour ses peuples les suites les plus heureuses & les plus étendues ? Cet art n'avoit été jusqu'à lui, que l'art funeste de détruire. D'une part, une artillerie foudroyant au hasard, pendant qu'à l'abri des remparts, la garnison bravoit sans risque ce tonnerre égaré, faisoit sans cesse voler la mort sur les têtes innocentes des vieillards, des femmes, des enfants & des bourgeois paisibles. Les temples, les maisons s'écrouloient sur leurs habitans écrasés ; & la réduction d'une Place assiégée finissoit toujours par ne mettre au pouvoir du vainqueur qu'un horrible monceau de cendres & de cadavres. De l'autre, des attaques sans concert & sans plan, des troupes difperfées dans des boyaux fans art, toujours dans l'impuiffance de fe développer fur un terrein embarraffé par ces coupures bizarres, des têtes d'attaques ifolées & fans appui, livroient à chaque inftant l'affiégeant à la furie d'un affiégé entreprenant & brave. Chaque jour voyoit livrer de fanglantes batailles; & tout fiége, en ces tems malheureux, faifoit prévoir avec trop d'affurance, la deftruction d'une Ville & celle d'une Armée.

Ces fcenes de carnage & d'horreur difparoiffent du moment où Vauban commence à diriger les fiéges. Dans la Ville qu'il attaque, il ne connoît d'ennemi que l'homme armé qui la lui difpute. De nombreux ricochets placés fur les prolongemens des différens ouvrages, vont, fans jamais s'égarer, labourer leurs remparts, ruiner leurs défenfes, démonter & brifer leurs canons, frapper ou difperfer leurs défenfeurs, dont l'œil effrayé cherche en vain d'où partent ces inévitables boulets qui les atteignent jufques dans les afiles qu'ils croyoient les plus fûrs. Pendant ce même tems, le citoyen tranquille fous fes toits, ne connoît plus de rifque que celui de changer de maître, & ceffe de frémir au nom d'un ennemi qui lui paroît plus craindre de détruire, qu'il ne femble avide d'acquérir. De vaftes paralleles fe déployant fucceffivement, refferrent chaque jour l'affiégé dans fes ouvrages; chaque point emporté devient pour l'affiégeant une conquête qu'on ne peut plus lui ravir; tout fe tient, tout s'appuie mutuellement; des fapes conduites avec patience, mais toujours avec fûreté, n'arrofent que des fueurs des Soldats, ces mêmes glacis qu'ils inondoient ci-devant de leur fang; des cavaliers élevés fans péril, fous des feux déjà prefque éteints, foudroient le chemin couvert, que bientôt des logemens inattaquables affurent fans retour à l'affiégeant. Les faces & les flancs s'écroulent fous les efforts d'une artillerie diftribuée avec un art auffi nouveau que tout le refte, pendant qu'au travers des contrefcarpes s'ouvre une route facile & fûre pour arriver aux brêches (*k*). Quel

---

(*k*) Ces innovations raffemblées ici fous un feul point de

cœur vraiment ami de l'humanité , pourra ſe défendre du plus vif ſentiment de gratitude pour Vauban , en comptant le peu d'hommes que , graces aux ſavantes méthodes qu'il inventoit tous les jours, coûterent à la France les importantes villes de Maſtreicht, de Mons , de Namur , d'Ath , de Luxembourg , &c. combien par conſéquent elles lui en conſerverent ? Et c'eſt ſi bien , Meſſieurs , à ces méthodes ſeules qu'il faut ſavoir gré du ſang qu'en ces occaſions épargna la Patrie, que Namur, malgré cinq actions de vigueur très-conſidérables , ne lui coûta que huit cents hommes. Les précautions de Vauban étoient pour les Français l'égide de Pallas. Les Soldats le ſavoient : delà *cet entier dévouement avec lequel ils lui obéiſſoient , moins animés encore par l'extrême confiance qu'ils avoient en ſa*

---

vue , n'eurent pas toutes lieu du même coup. A chaque ſiége, depuis celui de Maſtreicht, Vauban ſe ſignala par quelque méthode nouvelle , dont l'objet fut toujours de ménager le ſang. Plus il trouvoit de moyens de conſerver à la patrie ſes défenſeurs , plus il regrettoit d'être encore forcé d'en perdre.

capacité , que par la certitude & la connoif-
fance d'être ménagés autant qu'il étoit pof-
fible (*l*). L'illuftre Racine raconte , dans
les fragmens hiftoriques que l'on trouve à
la fin de fes œuvres, un fait qui me paroît
plus propre que tout autre à vous donner une
idée approchée de l'ineftimable économie
de fang humain qu'entraîneront toujours
avec elles les méthodes inventées par Vauban. « Au fiége de Cambrai, dit Racine ,
» Vauban n'étoit pas d'avis qu'on attaquât
» la demi-lune de la Citadelle. Du Metz,
» brave homme , mais chaud & emporté ,
» perfuada au Roi de ne pas différer davan-
» tage. Ce fut dans cette conteftation que
» Vauban dit au Roi : *vous perdrez, peut-*
» *être, à cette attaque, tel homme qui vaut*
» *mieux que la Place.* Du Metz l'emporta ;
» la demi-lune fut attaquée & prife ; mais
» les ennemis y étant revenus avec un feu
» épouvantable , ils la reprirent , & le Roi
» y perdit plus de quatre cents hommes &
» quarante Officiers. Vauban , deux jours

____

(*l*) Eloge du Maréchal de Vauban par M, de Fontenelle.

» après, l'attaqua dans les formes, & s'en
» rendit maître, fans y perdre que trois
» hommes. Le Roi lui promit qu'une autre
» fois il le laifferoit faire ».

LOUIS fit plus, fans doute, & fe re=
procha vivement de ne l'avoir pas cru.
Mais, d'après ce fait inconteftable, qui fait
fi bien connoître & l'ame de VAUBAN, &
la profondeur de fon fens, & l'importance
de fes méthodes, qui peut, Meffieurs,
calculer combien, dans le fiécle paffé, le
nouvel art dont il fut l'inventeur, a confervé
d'hommes à la France, aux Pays-Bas, à
l'Allemagne ? combien, de nos jours, à
l'Europe entiére ? combien il en confervera
dans les fiécles futurs ? Chaque Siége ne
fera qu'accroître la dette de l'Europe, ou
plutôt de l'humanité, envers l'illuftre auteur
de ces méthodes favantes & confervatrices.
Comment donc M. de Laclos, non moins
en état que moi, par fa profeffion, d'apprécier toute l'importance de ces découvertes, peut-il demander (m) *fi la génération*

____

(m) Voyez le paffage cité dans la note (b).

préſente doit quelque reconnoiſſance au Maréchal de VAUBAN? Ah, ſans doute elle lui
en doit, & plus qu'à Condé, plus qu'à
Turenne même. Ils ont l'un & l'autre emporté leur ſcience avec eux; tous deux ont,
en mourant, ceſſé d'être utiles. Mais l'art
inventé par VAUBAN lui ſurvit; trop ſouvent
l'Europe eſt à même d'en reſſentir les avantages, & l'on n'y ſauroit déſormais faire un
ſiége où les manes de ce grand homme
n'aient droit de venir réclamer la couronne
civique.

Vous venez, Meſſieurs, de contempler
Vauban créant l'art des ſiéges; voyez-le
formant les Etabliſſemens de Toulon & de
Breſt, les premiers de ce genre, & qu'admire
encore aujourd'hui l'Europe. Voyez-le ſur
les côtes de Bretagne, déconcertant toutes
les meſures de l'Anglois, & repouſſant
par-tout ſes efforts multipliés. Quels que
ſoient les dangers préſens dont eſt menacée
cette côte importante, ils ne ſuffiſent pas
pour occuper ſon génie tout entier; nul des
beſoins ni des périls futurs n'échappe à ſa
vue rapide & perçante; & s'il eſt forcé d'y

laisser plus d'un bien à faire; il n'en laisse aucun à projeter. Suivez-le dans la Flandre maritime, menacée d'invasion après la funeste journée de Ramillies. LOUIS, pour la défendre, envoie, au défaut d'une Armée, le Maréchal de Vauban. L'effroi général cesse dès qu'il paroît ; *il empêche la perte d'un Pays qu'on vouloit noyer (n) pour prévenir le siége de Dunkerque.* Un Camp retranché, le chef-d'œuvre, peut-être, de tous les ouvrages de ce genre, par le choix des points, la distribution des moyens de défense, leur correspondance étroite, l'appui mutuel & puissant qu'ils se prêtent, devient pour la Province une barriere impénétrable. Est-ce à ces précautions, ou simplement au nom de son habile Commandant, que ce beau pays dut son salut? Qu'importe pour la gloire de Vauban? En

---

(n) Eloge du Maréchal de Vauban par M. de Fontenelle. Vous y trouverez aussi une description très-exacte du camp retranché dont je parle, & qu'admireront toujours les gens de guerre qui connoîtront le pays dont il s'agit, & l'objet important qu'avec les plus foibles moyens, on avoit à remplir.

effet,

effet, Meſſieurs, quelles précautions que
celles qui arrêtent Eugene & Malborough,
ou quel nom que celui qui leur en impoſe?
Cette eſtime, de la part de deux hommes
pareils, ne vous ſemble t-elle pas bien propre
à conſoler Vauban des dédains qu'il éprouve
aujourd'hui.

Après avoir examiné dans lui l'homme
de guerre, conſidérez-y l'homme d'Etat,
Meſſieurs; ſon génie ne vous paroîtra pas
moindre ſous ce nouvel aſpect. Parcourez
ces nombreux ouvrages, ſi déprimés par
M. de Laclos; vous y trouverez les vues les
plus vaſtes, une connoiſſance approfondie
de tous les détails, que l'Auteur voit toujours avec la même netteté, ſoit iſolés, ſoit
enſemble. Cette facilité d'embraſſer d'un
coup d'œil le tout & ſes parties, eſt ce qui
caractériſe le génie de Vauban, & delà naît
la juſteſſe de ſes combinaiſons, & la ſolidité
de ſes projets, toujours profondément ſenſés, & ſur-tout toujours utiles. Et voilà, je
ne puis m'empêcher de le répéter, l'homme
à qui M. de Laclos ne veut pas que la
poſtérité doive quelque reconnoiſſance! Au

Conseil, vous le verrez, comme à la guerre & dans ſes ouvrages, jamais n'imaginant, jamais ne propoſant que ce qui ſera le plus avantageux à ſes concitoyens. Quand le teſtament de Charles II appella la Maiſon de France au Trône d'Eſpagne, qui ne prévit les alarmes & l'oppoſition de l'Europe entiere ? Louis nuiſoit à ſes enfants en refuſants ce magnifique legs; mais en l'acceptant, il pouvoit perdre ſa Patrie. Vauban ſeul eſt d'avis qu'on envoie le Duc d'Anjou régner dans l'Amérique méridionale. Si cet avis eût été ſuivi, que de ſang il épargnoit à l'Europe! que de malheurs à la France, & même à l'Eſpagne! Quel changement s'opéroit tout-à-coup dans le ſyſtême politique du monde, & que d'avantages en auroient réſulté pour la France ! L'importance qu'a, dès en naiſ-ſant, acquis le ſeul Etat qu'ait vu le nouveau Monde, depuis qu'il eſt devenu partie de l'ancien, prouve, ce me ſemble, qu'un tel avis donné dans ces tems-là, n'a pu venir que d'un génie d'une pénétration & d'une profondeur extraordinaires.

Ces faits qui dépoſent ſi fortement en

faveur de l'ame & du génie de Vauban, dont il réfulte, avec tant d'évidence, qu'il eft peu de grands hommes à qui l'humanité doive autant, M. de Laclos fans doute a grand foin de les taire. Le moyen, en effet, d'imaginer que, dans le même écrit, on pût à la fois préfenter Vauban comme inventeur d'un art qui a confervé, peut-être, un million d'hommes aux diverfes générations écoulées depuis fon tems au nôtre, & nier tous fes droits à la reconnoiffance & aux hommages de la poftérité ! C'eft pourtant ce que fait M. de Laclos, & cette frappante contradiction fait le plus grand honneur à fa bonne foi : voici fes propres paroles (*).

« C'eft dans la partie de l'attaque des
» Places que M. le Maréchal de Vauban
» s'eft véritablement diftingué. En ce genre
» il a fait plus que perfectionner, il a créé
» l'Art. Non-feulement il a, par fes mé-
» thodes, affuré le fuccès des fiéges ; mais
» on lui doit d'en pouvoir calculer la du-
» rée avec une certitude fuffifante pour les

____

(*) Page 14.

» projets ultérieurs (*) : & ce qui eſt bien
» digne & de remarque & de louange, c'eſt
» qu'il a ſu à la fois économiſer le tems &
» les hommes. C'eſt enfin principalement
» à lui qu'on doit ces conquêtes rapides &
» brillantes qui ont fait la gloire, & préparé
» les malheurs de la France ſous le regne
» de Louis XIV ».

Eſt-ce bien l'Auteur de ce paſſage ſi plein de force & de vérité, qui, dix pages plus haut, a demandé *ſi Vauban fut en effet un grand homme, ſi la génération préſente lui doit de la reconnoiſſance, & qui nous avoue qu'il a depuis long-tems l'opinion contraire* ? Qui, pour la combattre avec ſuccès, ne ſe ſerviroit de ce même paſſage? A cette gloire immortelle qu'a ſi bien mé-

______

(*) Mais il n'a pu calculer cette durée avec quelque préciſion, ſans connoître à fond toutes les reſſources de l'art de la défenſe. Si donc, comme le dit M. de Laclos, *il n'a pas fait faire un pas à l'Art de la fortification*, ce n'a pu être chez lui faute de lumieres, mais de bonne volonté. Il eſt évident qu'il ſavoit faire de bonnes fortereſſes, & voilà qu'il n'en a fait que de mauvaiſes. Ce Vauban fut un bien mauvais citoyen, & M. de Laclos a très-grande raiſon de ne pas vouloir qu'on le loue.

ritée Vauban, comme Général habile &
Citoyen, comme créateur de l'Art des fiéges, comme bienfaiteur de l'humanité (que
fait, je vous prie, Messieurs, celle qu'au
gré de M. de Laclos, il n'a pas méritée,
comme Fortificateur? Quelque au - dessous
de Moliere & même de Destouches, que
soit l'auteur de l'Ecossoise & de l'Enfant
prodigue, celui de Mérope & d'Alzire, en
est-il moins l'égal de Sophocle? puisque le
zele patriotique de M. de Laclos le forçoit
de parler en cette occasion, il devoit se
borner à recommander aux Ingénieurs françois de moins respecter les tracés de Vauban,
& à ses Panégyristes, de ne pas le louer,
comme Fortificateur ; mais il n'a pu légiti-
mement réclamer contre des hommages
dont, sous tout autre aspect, il paroît lui-
même le trouver si digne.

Voilà sans doute un premier tort de
M. de Laclos avec ce grand homme ; mais
n'a-t-il que celui là ? Les erreurs que M. de
Laclos reproche à Vauban ne seroient-elles
pas les erreurs de M. de Laclos ? Je le crains
bien, Messieurs, & vous n'en douterez

pas d'après les étonnans calculs qu'offre la page 23 de la Lettre à Messieurs de l'Académie, & la note qui se trouve au bas de cette page. M. de Laclos est cher en fortifications ! Vauban, dit-il, *a fortifié trois cents Places ; & si on suppose chaque Place un exagone seulement, & qu'on évalue chaque front de fortification à huit cents mille livres, on trouvera une somme de plus de quatorze cents millions, dont l'immense fardeau pese encore en ce moment sur cette même Nation, au nom de qui l'on prépare l'hommage public contre lequel je réclame.* Quatorze cents millions, bon Dieu ! huit cents mille francs par front ! Certes, Messieurs, Vauban n'étoit pas économe. Voici la vingtieme année que je sers dans le Corps royal du Génie ; j'ai été deux ans employé aux travaux de Mont-Dauphin ; trois à ceux de Toulon ; j'ai vu finir ceux de Brest, & la tête me tourne en lisant les estimations de M. de Laclos. Il n'est pas possible. . . . . . Mais non, les sommes sont en toutes lettres ; je ne saurois accuser ici l'Imprimeur, & l'erreur appartient toute entiere à l'Auteur. Je vais, Messieurs, vous mettre à même d'en mesurer d'un coup d'œil toute l'étendue.

Vous trouverez dans les Mémoires imprimés de M. de Cormontagne (o), un extrait

____

(o) Ces Mémoires portent pour titre, *Architecture militaire, ou l'Art de fortifier, qui enseigne d'une maniere courte & facile, la construction de toutes sortes de fortifications régulieres, deux nouveaux systémes, &c. A la Haye, chez Jean Néaulme & Adrien Moet Jens*, 1741. Consultez le tome premier, page 70 & suivantes. Page 92, vous trouverez la différence des deux toisés par front, avec la Récapitulation suivante du toisé estimatif de M. de Cormontagne, toujours d'après les prix énoncés dans le toisé définitif délivré aux Entrepreneurs qui construisirent Neuf-Brisac.

RÉCAPITULATION.

	liv.	sol.	den.
Corps de place.	56054	8	6
Flancs bas.	17566	16	6
Poternes.	4458	0	4
Contre-gardes.	53060	13	2
Tenaille.	22098	18	3
Demi-lune.	33960	18	3
Réduit.	21175	1	6
Contrescarpe.	33739	5	2
Chemin couvert.	2528	10	0
Excavation des fossés. . .	25987	7	6
Total d'un front. . . .	270629	18	8

du toifé définitif des fortifications du Neuf-Brifac , dont le tracé eft de beaucoup le plus cher, comme le plus parfait de tous ceux de Vauban. Chaque front cependant n'y coûta que 308179 liv. 13 f. 6 d.

M. de Cormontagne y propofe quelques changemens tendans à prolonger encore la réfiftance, & à diminuer les frais (p). Il fubftitue aux tours, des baftions pleins, avec des flancs foutérreins , & donne une autre forme à la demi-lune, ainfi qu'à fon réduit. Chaque front ainfi corrigé, outre l'avantage démontré de tenir quinze jours de plus, n'auroit, d'après les prix convenus avec l'Entrepreneur qui conftruifit Neuf-Brifac, coûté que 270629 liv. 18 f. 8 d. d'où réfultoit par front une économie de 37549 liv. 14 f. 4 den.

(p) On peut voir dans M. de Cormontagne tous les avantages du tracé de Neuf-Brifac, tracé qui, fuivant lui, double réellement la fortification & la défenfe, fans doubler, à beaucoup près, la dépenfe d'hommes & d'argent. L'amélioration qu'y a faite M. de Cormontagne, ne diminue en rien la gloire de l'Inventeur. C'eft en étudiant beaucoup Vauban, que fon illuftre fucceffeur a appris à le corriger, ou, pour mieux dire, à le perfectionner.

Retranchez maintenant du front propofé par M. de Cormontagne, les deux demi-contre-gardes, les deux flancs cafematés, & le quart de la demi-lune, y compris fon réduit; & ce qui reftera, va vous donner exactement la même maffe de conftruction que vous offriroit tout autre front de 180 toifes de côté extérieur, conftruit fuivant la méthode employée par Vauban à Ath, & généralement dans toutes les Places qu'il a conftruites, excepté Béford, Landau & Neuf-Brifac (q).

(q) La tenaille, la contrefcarpe & le chemin couvert font les mêmes dans les deux tracés. Du refte, dans tout front pareil à ceux d'Ath, le corps de place & les faces de la demi-lune offrent un développement de 360 toifes qui, multipliées par un profil de 24 pieds de hauteur, fur 9 d'épaiffeur réduite, donnent 2160 toifes cubes, qui, jointes à 255 provenantes de la gorge de la demi-lune, font en tout 2415 toifes cubes de maçonnerie.

L'état eftimatif de M. de Cormontagne porte pour le corps de place, y compris la poterne avec aqueduc ouverte dans la courtine, 1449 toifes cubes; & pour la demi-lune & fon réduit 1277, dont les trois quarts, 957..4..6, ajoutés à 1449, donnent 2406 toifes 4 pieds 6 pouces de maçonnerie.

Ces deux maffes de conftruction ne different que de huit toifes cubes, différence plus que compenfée par l'excès très-

Si donc vous fuppofez :

1°. Que chaque front conftruit par Vauban, a 180 toifes de côté extérieur (comme
l'a fans doute cru M. de Laclos, quand il a
eftimé chacun d'eux huit cents mille francs),
quoique toutes les Citadelles, & quelques-
unes des Places conftruites par le grand
homme que je défends, n'en aient que cent
vingt ou cent trente.

2°. Que, malgré l'accroiffement fuc-
ceffif de valeur qu'éprouva le marc d'argent
fous le long regne de Louis XIV, ou de
vingt-fept francs, taux auquel le laiffa Col-
bert, il monta depuis à quarante-huit ; les
prix de la Fortification furent, pendant
toute la vie de Vauban, auffi hauts qu'à
l'époque où il conftruifit Neuf-Brifac, l'un
des derniers monumens de fon génie.

D'après ces deux hypothefes, vous aurez

___

évident des déblais du fecond front fur ceux du premier.

Obfervez que je fuppofe une tenaille devant chacune des
courtines de Vauban. La vérité pourtant eft qu'il n'inventa
les tenailles qu'après la conftruction de Phalsbourg ; & qu'on
n'en trouve pas dans plufieurs de fes places ; mais auffi je ne
dis mot des oreillons dont il a fait plus d'une fois ufage.

au plus juste le prix de chaque front de fortification conſtruit par Vauban, en retranchant
de la dépenſe totale du front propoſé par
M. de Cormontagne , celles des contre-
gardes, des flancs bas, & le quart de celle
de la demi-lune & de ſon réduit; & ce prix,
comme vous vous en convaincrez d'après
la récapitulation que j'ai miſe plus haut ſous
vos yeux dans une de mes notes, fait la
ſomme de cent quatre-vingt-ſix mille deux
cents dix-huit livres, neuf ſols, un denier;
comptons cent quatre-vingt-ſept mille.

Il y a ſans doute loin delà, Meſſieurs,
aux huit cents mille francs de M. de Laclos;
les deux ſuppoſitions précédentes vous prouvent cependant combien je ſuis facile &
coulant avec lui. Il me répondra ſans doute
que je ne porte pas en compte la dépenſe
des divers Bâtimens qu'entraîne l'établiſſement de toute fortereſſe. Mais obſervez,
je vous prie, Meſſieurs, qu'il faut ici diſtin-
guer ceux qui n'auroient ni ne devroient
avoir lieu, ſans cet établiſſement, de ceux
dont on ne ſauroit ſe paſſer , quand il n'y auroit pas une ſeule redoute dans le Royaume

entier. De ce dernier genre, font les corps
de cafernes. Il faut que le Soldat foit logé
quelque part ; s'il l'eft chez le bourgeois,
& ce dernier & la difcipline en fouffrent.
Cette hofpitalité forcée eft fi onéreufe au
peuple, que, pour s'en affranchir, diverfes
Provinces ont conftruit des cafernes à leurs
frais, ou loué des maifons pour en tenir
lieu. Vauban n'eût-il pas en fa vie conftruit
un feul baftion, il n'en auroit pas moins
fallu bâtir des logemens pour les nombreux
bataillons que, depuis L o u i s XIV, la
France a toujours eus fur pied.

Il fuit évidemment delà, qu'il eft auffi
peu raifonnable de compter ces dépenfes
parmi celles des Fortifications conftruites
par Vauban, qu'il le feroit d'y compter
auffi la folde & l'habillement des Soldats qui
doivent les garder. Quelque part, en effet,
qu'on les envoie, il n'eft pas moins indifpen-
fable de les loger, que de les nourrir & de
les habiller. Je vous prie en même-temps
d'obferver, Meffieurs, que le nombre des
Cafernes, quoique très - augmenté depuis
Louis XIV, ne fuffit pas encore pour loger

toutes les troupes de la Monarchie. On eſt tous les jours obligé d'en conſtruire ou d'en projetter de nouvelles (r).

Ce que j'ai dit des Caſernes doit s'appliquer aux magaſins à poudre , aux hangards , & en général à tous les établiſſemens d'Ar-

---

(r) Le corps de Caſernes conſtruit à Breſt dans la partie de Recouvrance , en 1773 & 1774 , le fut pour loger deux Bataillons de 630 hommes chacun tels qu'ils étoient alors. Deux Bataillons pareils fourniſſent le nombre d'hommes qu'on a toujours ſuppoſé néceſſaire pour bien défendre deux fronts chacun de 180 toiſes de côté extérieur , avec demi‑lune & chemin couvert. En ſuppoſant donc , contre toute vérité , que chaque Place de guerre eût la quantité de Bâtimens ſuf‑fiſante pour loger la moitié de la garniſon qu'il lui faudroit en cas de ſiége , elle auroit par chaque quatre fronts , un corps de Caſernes pareil à celui de Recouvrance , pour lequel , d'a‑près le toiſé définitif , l'Entrepreneur a reçu la ſomme de cent quarante mille neuf cents ſoixante‑dix‑ſept livres. Or , par la comparaiſon des prix énoncés dans le toiſé de Neuf‑Briſac, avec le prix moyen réſultant de ceux actuels qu'accorde le Roi à Mont‑Dauphin , à Toulon , à Breſt , qu'exprès je choiſis en di‑verſes extrémités du Royaume , cette ſomme ſe réduit à moins des deux tiers ; ainſi , du tems de Vauban , ce corps de Caſer‑nes n'eût pu coûter plus de quatre‑vingt‑dix mille livres ; ce qui , en comptant les Caſernes dans la dépenſe des fortifica‑tions , ne laiſſeroit celle de chaque front que de la ſomme de vingt‑deux mille cinq cents livres ; augmentation à laquelle les calculs de M. de Laclos ne gagneroient pas grand'choſe.

tillerie. Que nos frontieres soient ou ne
soient pas garnies de forteresses, en faut-il
moins qu'elles le soient de divers amas de
poudre, de canons, &c. qui par-tout mettent
la France à même de repousser promptement
l'étranger qui l'attaque, ou de porter rapi-
dement chez lui ses efforts & ses armes. Je
conviendrai pourtant que, dans le cas où la
France auroit moins de Places de guerre,
elle auroit vraisemblablement un moindre
nombre de magasins à poudre. Il est difficile
de déterminer au juste ce nombre excédent,
qui doit faire partie des dépenses qu'entraîne
la Fortification ; mais M. de Laclos ne
pourra se plaindre quand, relativement au
prix du tems où vivoit Vauban, je passerai
pour cet objet, trente-six mille francs pour
chaque exagone, c'est-à-dire six mille francs
par front (*f*), qu'il faut désormais estimer

____

(*f*) Le Magasin à poudre de la pépiniere à Brest, construit en ces derniers tems, & contenant deux cents milliers
de poudres, a coûté au Roi un peu moins de cinquante-deux
mille francs. Suivant toujours la proportion établie dans la
note précédente, Vauban ne l'eût payé que trente-quatre mille
trois cents trente-trois livres, &c. Observez que je passe ici
pour chaque six fronts un magasin de deux cent milliers.

cent quatre - vingt treize mille livres. Je
diffère encore avec M. de Laclos de plus de
fix cents mille francs, & n'imagine rien qui
nous puiſſe rapprocher. Seroit-ce la dépenſe
des ſouterreins ? mais, excepté les poternes,
déja compriſes dans le toiſé du corps de
Place, on n'en trouve point dans les Fortereſſes dont il s'agit ici (.t). Celle des
magaſins d'approviſionnement ? Elles n'en
offrent jamais d'autres que les greniers des
caſernes. Celle des logemens bâtis pour les
Etats-majors ? Ils en ont tout au plus dans la
dixieme partie des Places. Celle des portes
des corps-de-gardes ? Pour ces trois objets,
ajoutons tout d'un coup vingt mille francs
par front, & M. de Laclos ne m'accuſera pas
à coup ſûr de trop d'économie.

Voici donc, à raiſon de dix-huit cents

(t) La méthode qu'avoit introduite Vauban de reſpecter
tous les édifices civils, & les citoyens qui les habitent, méthode adoptée & ſuivie par l'Europe entiere incluſivement
juſqu'au ſiége de Philisbourg en 1735, fut pour la premiere
fois violée dans les guerres de 1740, & déſormais les Places
de guerre, ſur-tout les petites, ne ſauroient ſe paſſer de ca-
ſemates à l'épreuve de la bombe, auxquelles cependant on
peut ſuppléer en faiſant des coupures fortement blindées dans
les parties du rempart les plus éloignées du front d'attaque.

fronts de Fortification *u*), à deux cents treize mille livres l'un (*x*), que, suivant M. de Laclos, conftruifit Vauban, trois cents quatre-vingt-trois millions, quatre cents mille livres, qu'il dépenfa dans tout le cours de fa vie en Fortifications. Voilà déja, grace à Dieu & à l'Arithmétique, *cet immenfe fardeau de quatorze cents millions,* dont il avoit chargé la Nation, allégé de plus d'un milliard. Un moment, Meffieurs, & vous l'allez voir diminuer encore.

On trouve dans les Panégyriftes de Vauban, dit M. de Laclos, *qu'il a fortifié trois cents Places.* J'ignore quels font ces Panégyriftes, Fontenelle, le feul dont je connoiffe l'ouvrage, dit que Vauban a *conftruit trente-trois Places neuves, & fait travailler à trois cents anciennes,* ce qui fans doute eft un peu différent. Quant aux

-----

(*u*) On a vu plus haut que M. de Laclos fuppofe trois cents fortereffes conftruites par Vauban, qui préfentent un nombre de fronts, tel que, fi toutes étoient égales, chacune d'elles en offriroit fix, ce qui fait dix-huit cents.

(*x*) Ces dix-huit cens fronts fe réduifent, même en accordant à M. de Laclos les dépenfes les plus invraifemblables, comme on verra plus bas à 732.

3 Forterefles neuves, Fontenelle dit vrai;
mais, dans ce nombre, je cherche en vain
quelqu'une de ces Places à 16 & 18 baftions, ou quelqu'une de ces Citadelles (*y*)
à fix, dont M. de Laclos parle, fans les
nommer (*z*). En attendant qu'il les indi-
que, je m'en tiendrai toujours à la vieille
croyance où j'étois que Neuf-Brifac & Landau, compofés chacun de huit fronts, &
la Citadelle de Lille, compofée de cinq,
font, dans les deux genres, ce que Vauban a
conftruit à neuf de plus confidérable. Quant
aux Places anciennes *où il a travaillé*, quelques-unes d'entre elles ont en effet feize à
dix-huit baftions; mais ces baftions exiftoient
dans ces grandes Places long-tems avant

(*y*) J'entends ici, comme on doit entendre, par le mot
de Citadelle, une moindre forterefle, faifant partie d'une
plus grande, & deftinée à difputer à l'ennemi la pleine poffef-
fion de cette derniere, en le forçant à faire un fecond fiége,
& tenant, pendant ce temps, une porte ouverte au Souverain
de la Place, pour y rentrer.

(*z*) Page 23 de la Lettre à Meffieurs de l'Académie
Françoife, note (*q*), M. de Laclos y dit que les Places
qu'a conftruites Vauban, ont quelquefois feize à dix-huit
baftions.

D

Vauban, qui, dans toutes, n'a fait, comme à Strasbourg, qu'ajouter des demi-lunes devant les courtines qui en manquoient, & tout au plus, s'emparer par quelque dehors, ou quelque fort isolé, de points imprudemment négligés (&). Mais M. de Laclos est-il bien sûr que ces anciennes Places *où Vauban a travaillé*, soient en effet au nombre de trois cents ? Comment, lui qui se défie si fort des Panégyristes de Vauban, quand ils attribuent à leur héros tant de mérites divers, les croit-il si légérement, quand ils lui attribuent tant de fortifications ? Il a sans doute eu ses raisons pour cela ; mais moi, qui ne cherche ici que la vérité, je prends en main l'almanach militaire ; & je trouve qu'en retranchant de l'immense nomenclature des Villes, Citadelles, Châteaux, Forts, Redoutes & Tours qu'on y trouve, les Places ou Forts cons-

____

(&) Vauban a construit la Citadelle de Strasbourg, mais je ne dois ici la compter, non plus qu'aucune autre des siennes, dans les additions faites à d'anciennes Places, puisque toutes ces Citadelles font partie des trente-trois forteresses que j'ai dit plus haut être de Vauban.

truits ou acquis fous Louis XV (*aa*), auxquels il eft clair que Vauban ne travailla
jamais; & ces nombreux poftes qui, depuis
deux fiécles, ont ceffé d'être militaires,
fans pourtant ceffer d'avoir des Comman-
dants (*bb*), poftes auxquels Vauban n'a
pas plus travaillé qu'aux premiers; on ne
fauroit compter dans la Monarchie, à la
mort de Vauban, même en y comprenant
les Places & Châteaux détruits ou cédés par
Louis XIV (*cc*), plus de deux cents onze

(*aa*) Les Places de Corfe, de Lorraine, Briançon, les
Forts de Toulon, &c. conftruits fous le regne dernier.

(*bb*) Tels que Dijon, Châlons, Rouen, Caen, Dieppe,
Angers, Saumur, Poitiers, Niort, Angoulême, S. Jean-d'An-
gely, Alais, Lourdes, Dax, S. Sever, Crêt, Rennes, Van-
nes, &c. & leurs Châteaux ou Tours. Quiconque a couru le
Royaume, en retranchant avec moi ces ridicules Forterefles,
trouvera que j'en ai encore compté que j'aurois pu retrancher,
fans rifquer le plus léger reproche, tels que Navarreins, Sif-
teron, S. Tropès, &c. tous compris dans les 92 Places.

(*cc*) M. de Laclos, page 13, note (*p*), nomme neuf
Places après les noms defquelles il ajoute trois, &c. Le bon de
l'aventure eft qu'il feroit très-embarraffé de fubftituer trois
autres noms à ces trois, &c. qui feroient foupçonner trente
ou quarante Places au moins de rendues ou démolies par

D ij

poftes, alors à la charge de la Fortification, favoir 92 Villes, 28 Citadelles, 65 Châteaux ou Forts détachés, 17 Villes fermées d'une enceinte crenelée, & neuf tours avec batteries ayant des Commandans particuliers. Dans ce nombre de 211, j'ai compris, Meffieurs, les 33 Fortereffes conftruites par Vauban. Dans la vérité, **ces** dernieres ne fourniroient pas toutes enfemble, le nombre de fronts néceffaire pour former 33 exagones; mais n'importe, continuons avec M. de Laclos à fuppofer telle, toute Place

---

Louis XIV. Ces &c. ne reffemblent pas mal à ceux qui terminent toujours la faftueufe nomenclature dont en France on charge les contrats; chacun y affecte d'abréger par un &c. la lifte de fes titres, après y avoir réuni tous ceux au moins qu'il a. C'eft tout jufte le cas des &c. de la note (*p*). M. de Laclos y nomme deux Places de trop; Bruxelles dont Louis XIV n'a jamais été maître; & Mayence dont il ne le fut que comme fon fucceffeur l'a été de Prague, de Caffel, d'Hanovre, de Gottingue; c'eft-à-dire, momentanément, & fans avoir jamais fongé, ni pu raifonnablement fonger à la garder. Une fois, fous Louis XIV, les François ont occupé Mayence, & en ont été chaffés, fans y avoir fait autre chofe que quelques demi-lunes & lunettes en terre. Mais bien loin que Vauban ait jamais fait travailler à cette Place, il ne paroît pas qu'il y ait jamais mis le pied.

conftruite ou réparée par Vauban ; voici déjà nos 300 exagones diminués de 89, & partant les trois cents quatre-vingt trois millions, &c. qu'ils avoient dû coûter, réduits à moins de deux cents foixante-dix.

Mais, Meffieurs, cette derniere fomme n'eft elle pas encore de beaucoup trop forte? Car enfin, de ces 211 Places, le Maréchal en conftruifit à neuf 33 feulement ; & telles qu'on fuppofe les augmentations des 178 anciennes *où il travailla*, on ne fauroit en faire monter les frais à la moitié de ce qu'auroit coûté leur conftruction totale. Mais je ne veux pas ceffer d'être accommodant, & paffe encore cette hypothefe, au moins invraifemblable.

Voilà donc près de cent quatorze millions (*dd*) qu'il faut retrancher de la fomme

-----

(*dd*) En fuppofant un exagone, chacune des cent foixante-dix-huit Places que Vauban peut avoir réparées, & ces réparations équivalentes à la conftruction totale de trois fronts par chaque exagone, c'eft 534 fronts à 213000 liv. l'un, (toujours d'après les prix de Neuf-Brifac) & la fomme de 113742 liv. qu'il faut ajouter à celle de 42174000 liv. que durent coûter les 33 exagones neufs ; d'où réfulte, pour la dépenfe totale faite par le Maréchal de Vauban, la fomme de 155916000 l.

ci-deſſus, & toute la dépenſe faite par Vauban réduite de *quatorze cents millions* dont M. de Laclos lui a ſi fièrement demandé compte, à un peu moins de cent cinquante-ſix. Né croyez-vous pas, Meſſieurs, voir accoucher la montagne de la fable?

Si je voulois maintenant revenir ſur les différentes ſuppoſitions que j'ai ſi facilement accordées, vous verriez que ce dernier calcul eſt encore forcé. Mais c'eſt trop long-tems vous occuper de détails arides que j'aurois bien voulu pouvoir vous épargner. Il eût été plus court ſans doute de n'oppoſer aux aſſertions de M. de Laclos que des aſſertions contraires; mais, par reſpect pour vous & pour Vauban, je me ſuis impoſé la loi de prouver. J'oſe eſpérer que mes calculs tranquilliſeront la Nation qu'ont dû ſi fort effrayer ceux de M. de Laclos, & qu'au moins elle attendra, pour croire aux maux irréparables que lui fit Vauban, que ſon accuſateur prenne la peine de les prouver par des calculs auſſi clairs & auſſi précis que ceux qu'on vient de mettre ſous vos yeux.

Je paſſe maintenant aux divers reproches

faits par M. de Laclos, foit aux Forterefles de Vauban, foit à fes talens en Fortification. Ma tête en eft pleine, & j'y vais répondre fuivant l'ordre dans lequel ils fe préfenteront à mon efprit.

Je conviens d'abord avec M. de Laclos que, jufqu'à l'invention des Tours baftionnées, les tracés de Vauban, mieux combinés fans doute que ceux du Chevalier Deville; plus fimples, moins coûteux, fans être moins avantageux que ceux du Comte de Pagan, n'offrent à des yeux peu exercés aucune innovation frappante. Mais à ceux de l'obfervateur attentif, ils paroîtront dirigés d'après des principes tout-à-fait nouveaux. Il y verra que l'art de fortifier, qui ne fut dans les mains des plus fameux devanciers de Vauban, que l'art d'enceindre de la manicre la plus avantageufe, un terrein donné, devint entre les fiennes, l'art plus vafte de déterminer ce terrein d'après les convenances politiques & militaires *(ee)*. Il admirera

____

(ee) Outre l'emplacement toujours bien choifi par Vauban, vous admirerez encore dans chacune des Places qu'il a conf-

ce tact si juste & si sûr qui, ne se méprenant
jamais sur l'importance réelle de chaque
place, de chaque front, de chaque piece,
proportionne toujours avec exactitude la
dépense & l'effort, à l'effet qu'on s'est dû
proposer d'obtenir; ce coup d'œil rapide
qui jamais ne permit à Vauban, ni de né-
gliger un point qu'il falloit défendre, ni
d'embrasser dans son enceinte un terrein
inutile; coup d'œil tel que, dans tous les
tracés que la détresse de l'Etat l'a souvent
forcé de laisser en projet, les plus illustres
de ses successeurs, même en faisant autrement que lui, n'ont pu, d'après l'étude la
plus réfléchie, s'écarter des points qu'il
avoit assignés à ses angles saillans (*ff*). Il

---

truites, la précision avec laquelle ce grand homme a toujours
proportionné l'effort à l'effet qu'il s'étoit proposé d'obtenir.
Quelques-unes de ses Forteresses, entr'autres son chef-d'œuvre
de Neuf-Brisac, sont devenues moins importantes depuis que
la Maison d'Autriche a détruit les Places qu'elle avoit sur le
haut Rhin; mais les Places démolies existoient alors, & peuvent se rebâtir encore.

(*ff*) M. de Filley, établissant sur la hauteur du Bouguen
à Brest une vaste double couronne, avoit substitué sa meza-
lectre au tracé de Vauban; mais d'après l'étude la plus réfléchie

fera furpris de cette prodigieufe variété
d'idées qui , par-tout auffi différentes que
les terreins qui les ont fait naître , ne fe
reffemblent jamais que par leur fageffe &
leur netteté. Il y reconnoîtra que là même
où l'on peut defirer d'autres formes ou un
meilleur relief, il eft impoffible de choifir
d'autres points ; & c'eft dans ce fens - là
fur-tout que, tant que l'art de la Fortification exiftera, les tracés de ce grand homme
feront le manuel de l'Ingénieur. Cet Ob-

---

du terrein, il n'avoit pu, difoit-il avec étonnement, écarter d'un pouce fes faillans des points indiqués par ce grand
homme. M. de Cormontagne, fi connu par les doubles couronnes de Metz, lui rend, en pareille occafion, la même
juftice. C'eft véritablement dans cette importante partie que
le Maréchal de Vauban paroît n'avoir pas de rival. « Il y au-
» roit beaucoup à gagner pour nous, fi nous le fuivions dans
» les plaines de Flandres, dans les montagnes de Dauphiné,
» fur les bords de la mer, pour étudier toutes les différentes
» idées que la variété du terrein lui faifoit naître relative-
» ment aux objets particuliers & généraux qu'il y falloit
» remplir: toujours on y reconnoîtra le plus habile Ingénieur,
» l'homme de guerre unique en cette partie ». Voilà ce qu'en
dit dans fes Mémoires M. de Cormontagne, qui fi fouvent
réforma fes tracés, & fut mieux que perfonne en faifir les dé-
fauts , & pourtant il admire fon génie vafte & fécond. C'eft
qu'il eft toujours avantageux d'être jugé par fes pairs.

fervateur inftruit que j'ai fuppofé, y trouvera fouvent des moyens connus, employés d'une façon tout-à-fait nouvelle. Ces cornes, ces couronnes qui jadis, tenant au corps de place, ne faifoient que hâter la ruine du front qu'elles devoient renforcer (*gg*), il les verra à Huningue, à Dunkerque, changer de nature en changeant feulement de place; Vauban les rejette à la queue des glacis, & de ce moment elles doublent véritablement la réfiftance & la force des parties qu'elles couvrent.

Il ne fera pas moins furpris des calculs tout-à-fait nouveaux d'après lefquels font établies les Citadelles de Vauban. Toute Citadelle avant lui n'étoit qu'une précaution du Souverain, pour s'affurer avec peu de monde de l'obéïffance d'un peuple ou conquis ou mutin. Vauban portant plus haut fes vues, y voit le moyen affuré de doubler

---

(*gg*) Par l'échappée des foffés de leurs branches, le même canon qui battoit en brèche les faces de leurs demi-baftions, battoit en même-temps ou les deux baftions ou les deux demi-lunes de droite & de gauche; fuivant que l'ouvrage étoit placé fur la capitale de la demi-lune ou fur celle du baftion.

au moins la réſiſtance d'une Place importante, quand le nombre de ſes défenſeurs
eſt réduit au tiers (*hh*). C'eſt un nouveau
ſiége à faire d'une Place moindre, mais
défendue par une garniſon déjà formée par
un premier. Mais, comme l'obſerve très-
bien M. de Laclos, cette reſſource devien-
droit illuſoire, ſi l'ennemi pouvoit indiffé-
remment commencer ſes attaques par la
Ville ou par la Citadelle ; car maître de
cette derniere, il le ſeroit de la Ville. Auſſi
Vauban qui, comme M. de Laclos, connut
cette vérité, attaqua-t-il Ypres par la Citadelle, pour s'épargner deux ſiéges ; auſſi

---

(*hh*) C'eſt un axiome militaire (ſuivant M. de Cormontagne) que toute Garniſon qui a fait ſon devoir, doit être
réduite à la moitié ſous les armes, lorſque la Place ſe rend ; il
ſuivroit delà qu'à la rigueur chaque Citadelle devroit être en
état de contenir à-peu-près la moitié de la Garniſon de la
Ville. Vauban paroît avoir été plus ſévere, & n'avoir regardé
comme bien défendue, que la Place dont la garniſon ſe trouve,
au moment où l'on bat la chamade, réduite au tiers. C'eſt
d'après ce calcul, qu'il détermina l'étendue de la Citadelle
de Lille ; calcul au reſte que juſtifia pleinement la belle
défenſe du Maréchal de Boufflers, puiſqu'il n'abandonna
l'enceinte de Lille, alors très-foible, qu'après avoir vu ſa
garniſon réduite de douze mille hommes à quatre mille ſix
cents.

poſa-t-il le premier , pour regle conſtante de ces ſortes d'établiſſemens , que les fronts extérieurs des Citadelles doivent toujours être tels, que leur conquête ne puiſſe évidemment coûter à l'ennemi moins du double du tems que lui coûteroient les ſiéges ſucceſſifs de la Ville & de la Citadelle. C'eſt d'après ces principes qui, juſqu'à lui, ne ſemblent pas avoir été connus, qu'il conſtruiſit celle de Lille, compoſée de cinq fronts, & du côté de la campagne, rendue inattaquable par les plus ſavantes précautions. En 1708, elle ſervit d'aſile à 4600 hommes, reſte de douze mille, qui, ſous les ordres du Maréchal de Boufflers, avoient défendu la Ville pendant plus de deux mois, contre deux des plus fameux généraux dont alors s'honorât l'Europe. Nos braves François tinrent encore ſix ſemaines dans cette Citadelle, & ne ſe rendirent que forcés par l'abſolu manquement de munitions de toute eſpece. Que penſer, Meſſieurs, de la force & de l'utilité d'un poſte qui a retenu ſix ſemaines Eugene & Malborough aux pieds de ſes remparts ?

M. de Laclos qui trouve en général les Citadelles de Vauban inutiles & foibles (*ii*), qui accuſe *cette foule d'ouvrages extérieurs dont il a ſi diſpendieuſement ſurchargé les Places, d'en diminuer ſouvent la force, au lieu de l'augmenter, ne veut citer aucune Place en particulier*, & dit que *l'on en ſentira facilement la raiſon.* J'ai cru d'abord ce ſilence de M. de Laclos fondé ſur la crainte

---

(*ii*) M. de Laclos dit, page 26 : « Il eſt reconnu que cette
» foule d'ouvrages extérieurs, dont il a ſi diſpendieuſement
» chargé les places ; en diminue ſouvent la force au lieu de
» l'augmenter ».

Je défie M. de Laclos de citer une place conſtruite par Vauban, où il trouve des dehors pareils à ceux dont il vient de parler. M. de Laclos continue : « Et ce reproche s'étend
» à pluſieurs de ſes Citadelles ».

Pluſieurs, c'eſt tout pour quelqu'un qui n'en a conſtruit que cinq ; car, encore un coup, je n'entends ici par ce mot, & M. de Laclos ne ſauroit, en cette occaſion, entendre autre choſe qu'une Fortereſſe moindre, deſtinée à recueillir la garniſon d'une plus grande, quand celle-ci ne peut plus être défendue. Vauban n'a donc pas fait une Citadelle paſſable ; & je prie M. de Laclos de nommer celles qu'il blâme ; il aura d'autant moins de peine, que *malheureuſement,* ajoute-t-il, *les exemples n'en ſont pas rares.* J'en demande bien pardon à M. de Laclos, mais lui qui reproche tant au public d'eſtimer Vauban ſur parole, ne le blâmeroit-il pas auſſi ſur parole ?

d'indiquer à l'Etranger la foibleſſe de quelques-unes de nos Fortereſſes ; mais, comme
il n'héſite pas de révéler à l'Europe celle
de toutes les Places de Vauban, en publiant
qu'aucune d'elles *ne tiendroit plus de ſix
ſemaines à deux mois de tranchée ouverte*,
il doit avoir eu quelque autre raiſon pour
ne pas citer une ſeule de ces nombreuſes
fautes qui le choquent ſi fort. Il ſemble
pourtant qu'il auroit dû le faire ; car enfin,
ce n'eſt pas le tout que de multiplier les aſſertions, & qui veut être cru, doit y joindre
des preuves. Ne ſeroit-ce point, Meſſieurs,
qu'il n'étoit pas bien ſûr que pluſieurs vieux
ouvrages qu'il a ſouvent entendu blâmer
avec raiſon, fuſſent en effet de Vauban ?
Ce grand homme n'a conſtruit que peu de
Citadelles ; perſonne n'a moins que lui
prodigué les cornes & les couronnes ; il ne
s'en ſert communément que comme d'en-
ceintes, pour couvrir des Ponts ou des
Fauxbourgs, ou pour occuper un terrein
qu'on ne ſauroit, ſans périls, laiſſer à l'ennemi ; quand il les a deſtinées à renforcer
un front, nous avons vu plus haut qu'il les a

toujours difposées d'une maniere également
avantageufe & neuve.

Je ne faurois croire que ce foit tout de
bon que M. de Laclos veuille prouver la
médiocrité des Fortifications de Vauban,
par la facilité avec laquelle Vauban lui-même
en a triomphé quelquefois, aidé de l'art
favant qu'il avoit créé, & de ce génie inven-
tif & toujours fécond en reffources, qu'il
tenoit de la nature. Mais les chefs-d'œuvre
de tout ce que le refte de l'Europe avoit
jufque-là produit de plus grands Ingénieurs,
l'ont-ils arrêté plus long-temps ? Ne prit-il
pas au bout de vingt jours de tranchée (*kk*),
& Namur, & le Fort-Guillaume, conftruit
& défendu par le célebre Coheorn ? Et
quel avantage pourtant n'avoit-il pas contre fes propres ouvrages, dont il devoit
fi bien connoître & le fort & le foible ? Ces
ouvrages, d'ailleurs, auroient-ils auffi facilement cédé à tout autre qu'à lui ? S'il ne

---

(*kk*) On ouvrit la tranchée la nuit du 29 au 30 Mai ; la
Ville capitula le 5 Juin, & le fort Guillaume le 21 au foir.
Lifez la relation du fiége de Namur, qui fe trouve à la fin des
Œuvres de Racine.

lui fallut que treize jours pour se rendre
maître des vastes fronts d'Ath, les fronts
plus étroits, & par conséquent moins forts,
de la Citadelle de Lille, en tinrent-ils
moins six semaines contre les efforts d'Eugene & de Malbourogh ? Croira-t-on que
ce même Boufflers, qui ne leur rendit ce
Fort au bout de ce long-tems, que faute &
de poudre & de vivres, n'eût tenu dans Ath
que treize jours, même contre Vauban ?
Mais, va me dire M. de Laclos, cette belle
défense de la Citadelle de Lille prouve tout
pour Boufflers, & rien en faveur de Vauban.
*Certes il seroit facile de fortifier suffisamment
les Places, si l'on pouvoit toujours s'assurer
d'avoir un homme de génie pour en diriger
la défense* (*ll*). Cette réflexion vient, dans
l'écrit que j'attaque, à la suite de quelques
détails sur la défense de Cassel, par feu M. le
Comte de Broglie. Je pense, comme l'Auteur, qu'on ne sauroit mieux caractériser ce
Mort illustre ; mais je ne parle ici de Lille

(*ll*) Page 28 de la Lettre à Messieurs de l'Académie
Françoise.

&

& de l'intrépide & vertueux Boufflers dont toujours, ce me semble, on a plus vanté l'ame que le génie. Quelques talens, au reste, qu'on lui suppose, on sait trop qu'ils n'égaloient pas ceux des deux fameux Généraux qui l'assiégerent ; la fortification qu'il défendit est donc pour quelque chose dans sa longue résistance ; nul autre à sa place, peut-être, n'eût aussi bien fait, mais eût-il dans tout autre poste acquis la même gloire ? Ce seroit aussi, Messieurs, être trop dur avec Vauban, que de ne voir que la foiblesse de ses Fortifications, dans les efforts que leur conquête coûta à son génie ; & que la gloire de Boufflers, dans les moyens de défense qu'elles lui présenterent. Je suis pourtant forcé de convenir que, même dans des postes construits par Vauban, & supérieurs en force à la Citadelle de Lille, d'autres Gouverneurs ont tenu moins long-tems que Boufflers. Or, suivant l'écrit que je réfute, *la véritable Fortification doit suppléer également au nombre & même à la qualité des troupes, ainsi qu'au génie des Commandans.* J'aimerois autant dire qu'a-

E

vec des parapets, des plates-formes, des affûts, des canons en bon état, d'excellente poudre & des boulets de calibre, on peut se passer de bons Canonniers. Si l'on ne doit en effet *couronner* que le Fortificateur qui, dans un terrein accessible, saura construire un poste tel, qu'un nombre insuffisant de poltrons commandés par un imbécille, n'y puisse être pris, j'avoue que *les méthodes suivies par M. de Vauban sont bien éloignées de remplir ce triple objet* [*mm*], & dans ce cas il ne mérite plus d'éloges, comme Ingénieur. Mais, en attendant que cet art merveilleux se découvre, ne doit-on pas quelque estime aux Auteurs de Forteresses capables d'une longue défense, avec un Commandant intelligent & ferme ? Ce dernier avantage a manqué souvent à celles de Vauban ; on sait que plus d'une fois il se plaignit au Roi de la mollesse ou de l'impéritie de ceux qui les défendirent. Au gré de M. de Laclos, *son chagrin ne prouve rien*

(*mm*) Ces deux derniers passages sont encore tirés de la page 28 de la Lettre à l'Académie.

ici [*nn*], non fans doute, s'il n'étoit pas fondé ; mais recherchons s'il l'étoit ; car, enfin l'intention de M. de Laclos ne fauroit être que le Maréchal ait toujours tort, mais toujours, mais éternellement.

La longue réfiftance de la Citadelle de Lille, qui, du côté de la ville par où l'ennemi l'attaqua, n'offre qu'une enceinte baftion-née avec tenaille, demi-lune, contrefcarpe & chemin couvert, dépofe fortement en faveur de fes plaintes, fur le peu de jours que tinrent diverfes Places fortifiées fuivant la même méthode, d'ailleurs fuffifamment pourvues d'hommes & de munitions, & plus fortes que cette Citadelle, par-là même que leurs fronts & leurs ouvrages étoient

---

(*nn*) « *Affurément*, dit, page 31, M. de Laclos, *le chagrin de M. de Vauban ne prouve rien ici* ». Il prouve que M. de Vauban étoit très-mécontent, & c'étoit, ce me femble, le cas d'examiner s'il avoit tort de l'être. Combattre l'opinion publique, c'eft s'impofer la loi de prouver ; il falloit donc citer un fiége d'une des Places conftruites par Vauban, faire voir aux Militaires qu'il étoit impoffible que celui qui la rendoit, l'eût défendue plus long-tems ; alors l'opinion publique auroit plié fous des démonftrations ; mais elle réfif-tera toujours à de fimples affertions.

plus fpacieux. Mais elle vous paroîtra, Meffieurs, les juftifier plus pleinement encore, dans les quatre occafions où elles furent les plus vives ; je veux parler des quatre fiéges que foutint, de fon vivant, Landau fa Place favorite, fon chef-d'œuvre avant Neuf-Brifac, & qui depuis l'eft peut-être encore (oo). Les trois premiers furent courts, entr'autres le dernier, où l'on rendit la Place au bout de quinze jours. Vauban, comme on peut croire, fe plaignit amère-ment. En 1704, cette même Fortereffe, avec les mêmes moyens de défenfe, mais avec un autre Gouverneur, tint foixante-

---

(oo) Il eft embarraffant pour qui voudra favoir à quoi s'en tenir fur le mérite des tracés de Landau & de Neuf-Brifac, de voir, d'une part, le mépris avec lequel en parle M. de Laclos, & de l'autre, les louanges que donnent à ce fyftême M. de Cor-montagne & le Chevalier de Folard, & le fameux Valiere qui regardoit Landau comme le chef-d'œuvre de la Fortification. M. de Laclos paroît fe fonder fur ce qu'on a abandonné ce fyf-tême ; mais on l'a fi peu abandonné, que les plus célebres In-génieurs ont cherché les moyens de le perfectionner ; fi depuis on ne l'a pas employé, c'eft que la France n'a eu aucune occa-fion de conftruire une Place affez importante ou affez expofée, pour qu'il fût néceffaire d'y épuifer les reffources de la Forti-fication.

dix jours de tranchée ouverte (*pp*) contre une Armée plus nombreuſe commandée par le Roi des Romains. Vauban ſe plaignit encore. Cette défenſe de M. de Laubanie qui n'eut ni plus de Troupes, ni plus de Munitions que ſes prédéceſſeurs , décide entiérement pour Vauban & contre eux. Il ne reſte donc qu'à apprécier la valeur de ſes plaintes ſur la défenſe même de M. de Laubanie.

Vous trouverez dans Folard (*qq*), auteur contemporain , le détail des circonſtances qui déterminerent M. de Laubanie à capitu- ler. Les ennemis étoient maîtres des dehors du côté de l'attaque , les breches faites aux contre-gardes , & ces breches étoient prati- cables. Soit ruſe, ſoit projet réel de joindre l'eſcalade à l'aſſaut , ils firent paroître des échelles dans leurs tranchées. La garniſon déja très-affoiblie , en fut épouvantée; M. de Laubanie , qu'un éclat de bombe

---

(*pp*) La tranchée s'ouvrit du 13 au 14 Septembre, & la garniſon battit la chamade le 23 Novembre au ſoir.

(*qq*) Tome 2 , page 283 , & tome 5 , page 187.

avoit par malheur aveuglé pendant le cours du siége, assembla le Conseil de guerre. Tous furent d'avis de capituler, excepté Valliere, l'éleve & l'ami de Vauban. Il représenta, mais en vain, que leurs écluses les mettant à même de remplir leurs fossés & de les vuider à volonté, on devoit peu s'alarmer de ces démonstrations menaçantes de l'ennemi ; qu'ils pouvoient le tenir encore long-tems au pied de leurs breches, tandis que, cheminant sous lui, leurs mineurs finiroient par faire sauter tous ses logemens. Il promettoit de le réduire à ne savoir où mettre le pied ; & si cet habile Officier eût été cru, si le brave Laubanie, hors d'état pour lors de juger par lui-même, n'eût été forcé de se rendre à l'avis général, Folard ne doute pas que le Roi des Romains ne se fût vu réduit à lever le siége. D'après ce récit, jugez, Messieurs, si Vauban eut tort de n'être pas content d'une défense que loua cependant le grand nombre. On aura beau maintenant répéter que la véritable Fortification *doit suppléer au nombre & même à la qualité des troupes, ainsi qu'au génie des Commandans ;* je défie hardiment tous les Fortificateurs du monde de remplir les foſſés, quand on ne voudra pas lever les éclufes ; de tirer parti des travaux fouter-rains , quand on négligera de poufſer en avant leurs rameaux ; de faire goûter de bonnes raifons à gens qui ne lés entendent pas, & d'empêcher, en un mot, un Confeil effrayé de battre la chamade.

Que penfer maintenant, Meſſieurs, de cette phrafe qu'offre la page 26 de la lettre à l'Académie ? *Or , laquelle des Places de M. de Vauban tiendroit plus de fix femaines à deux mois de tranchée ouverte, & encore faudroit-il douze ou quinze mille hommes de garnifon dans ces Places.* On défie M. de Laclos de citer une feule Place de M. de Vauban, qui en exigeât plus de huit mille. M. de Cormontagne , dans un Mémoire très-détaillé fur Landau , n'en demande pas davantage pour y foutenir trois mois de fiége, quoique la fortification en foit fort augmentée par toutes les lunettes dont les Impériaux l'entourerent pendant qu'ils en furent maîtres. Du temps du Maréchal de

Vauban, où l'artillerie, moins multipliée dans la défenfe, ainfi que dans l'attaque, ne forçoit pas à d'auffi nombreufes garnifons, fix mille hommes auroient, d'après fes tables, fuffi pour défendre cette Place. M. de Laubanie n'en eut qu'à peu près cinq mille (*rr*), & vous venez de voir qu'il y tint foixante - dix jours contre une Armée royale. Je vous fupplie en même - temps, Meffieurs, de ne pas oublier que, de toutes les Fortereffes qu'a fondées Vauban, Landau, fans contredit, eft celle dont les fortifications ont le plus de développement. Ne trouvez - vous pas maintenant que ces *douze ou quinze mille hommes* qu'il faut à M. de Laclos pour défendre chacune des Places de Vauban, figurent à merveille avec les *quatorze cents millions* que, toutes enfemble ont, fuivant lui, coûté ?

Mais, en parlant de Landau, je me

____

(*rr*) On voit dans le Journal du fiége que M. de Laubanie eut huit bataillons & deux régimens de cavalerie, mais il faut fuppofer ces troupes diminuées au moins d'un tiers, puifqu'elles venoient de faire campagne & de perdre une grande bataille.

rappelle que M. de Laclos, chez qui c'eſt
un parti bien pris de tout blâmer dans les
ouvrages de Vauban, déſapprouve juſqu'à
l'emplacement de pluſieurs de ſes Fortereſſes. *La diſcuſſion de cet objet*, dit - il,
page 20, *n'étant pas ſuſceptible comme les
précédentes* (où il s'agit des inutiles ou foibles
Citadelles, & des mauvais dehors dont
Vauban a ſurchargé les Places) *de démonſ-
tration rigoureuſe*, (rien de démontré dans
cet écrit, ſinon que M. de Laclos eſtime peu
Vauban, & rien de rigoureux que la maniere dont il traite un grand homme) *ce
ſeroit commencer une diſpute interminable*
(très-terminable au contraire entre gens qui
connoîtront nos frontieres). *De plus, il
faudroit ſavoir ſi M. de Vauban a décidé ou
non ces emplacemens* (Je crois fermement
qu'oui). *J'ai vu ces nombreux partiſans* (qui
mérita jamais d'en avoir davantage ?) *varier
d'opinion à cet égard, ſuivant le beſoin de la
cauſe* (j'ignore quel eſt à cet égard le beſoin
de la mienne, mais je promets de m'en
tenir à ce que j'ai dit), *mais à quelque parti
qu'ils preferent de s'arrêter aujourd'hui, s'ils*

Je décident pour la négative, il n'eſt plus *juſte de louer M. de Vauban ſur le choix heureux de quelques poſitions* (de toutes, j'en appelle à ceux qui les connoiſſent); & *s'ils prennent l'affirmative* (comme je fais), *je les prierai de nous apprendre* (c'eſt ce que je vais faire) *comment, Landau ayant été fortifié pour couvrir la baſſe Alſace* (oui contre toute Armée débouchant par les Pays compris entre le Rhin, la Moſelle & la Sarre; mais non contre celle qui vient par la Souabe, où l'Alſace a, d'un bout à l'autre, le Rhin pour barriere, barriere plus facile à défendre avec un Camp volant qu'avec dix Fortereſſes), *le Prince Charles de Lorraine* (qui venoit de la Souabe) *y a cependant pénétré* (en paſſant le Rhin au-deſſus de Lauterbourg & des lignes, ſans en être empêché par treize mille Bavarois qui ſe retirerent dès qu'il parut), *comme ſi Landau n'eût pas exiſté.* Mais c'eſt qu'en effet ce n'eſt qu'à Lauterbourg qui ſe rendit ſans réſiſtance, & aux Bavarois qui céderent ſans coup férir, que le Prince pouvoit avoir affaire, & non pas à Landau, qu'en paſſant le Rhin il laiſſoit à ſept lieues ſur ſa droite; au-delà des lignes de la Lauter.

Pour mieux ſentir, Meſſieurs, toute la foibleſſe de l'objection que je viens de commenter, jettez les yeux ſur une Carte d'Allemagne; vous y verrez la plaine d'Alſace fermée d'un côté par le Rhin, de l'autre par les montagnes des Voſges, dans le fond par la Lauter, ſur laquelle on a conſtruit des lignes appuyées, d'une part, à Lauter-bourg & au Rhin; de l'autre, à Weiſſembourg & aux Voſges, mais entiérement ouverte du côté du Palatinat : c'eſt pour fermer cette partie ouverte & contigue au Pays ennemi, que Vauban établit Landau. Qui-conque voudra du Palatinat entrer en Alſace, ſera forcé de ſe rendre, avant tout, maître de cette Place; ou ſi, pour s'épar-gner ce ſiége, il ſe propoſoit de pénétrer par le Duché de Deux-Ponts, & de tourner les lignes de la Lauter, il lui faudroit défiler par les gorges des Voſges, paſſages étroits & difficiles, où quelques. Redoutes & de médiocres Détachemens envoyés de Phalsbourg, de Lichtenberg, de la Petite-

Pierre & de Weiffembourg, l'arrêteroient fans peine. Par la même raifon, quiconque voulant entrer de Souabe en Alface, paf-feroit le Rhin entre la Lauter & Spire, fe verroit forcé d'affiéger Landau, puifqu'alors il fe trouveroit tout-à-fait dans le cas de l'ennemi débouchant du Palatinat. Voilà, Meffieurs, l'objet unique, & fans doute important, que fe propofa Vauban quand il fortifia Landau. Les Allemans, quatre fois obligés, pour s'ouvrir l'Alface, d'affié-ger cette Fortereffe, du vivant même de fon Fondateur, prouvent fans réplique la juftefse de fes combinaifons dans cet éta-bliffement. Mais cet homme fage ne s'eft jamais flatté de l'efpoir infenfé d'interdire, avec un pofte de huit baftions placé fur la frontiere du Palatinat, & fix mille hommes de garnifon, le paffage du Rhin à une Ar-mée de cent mille, depuis la Lauter jufqu'à Strasbourg. C'eft, encore un coup, ici l'affaire d'un Camp volant. M. le Maréchal de Coigni, campé vers Spire, à l'époque citée par M. de Laclos, s'étoit repofé de ce foin fur les Bavarois, qui s'en acquitterent on ne peut plus mal. Le Prince Charles furprit Lauterbourg, & s'empara des lignes, d'où il envoya des détachemens occuper les gorges de Saverne. Dans cette pofition il coupoit à l'Armée Françoife toute communication avec la France, & fe trouvoit à même, ou d'attaquer Strasbourg, gardé en ce moment par une très-modique garnifon, ou de pénétrer en Lorraine. On dut s'appercevoir alors du tort qu'on avoit eu de laiffer, depuis la paix de 1713, détruire les Fortifications de Haguenau, fur-tout les digues & les éclufes qui portoient & foutenoient les eaux de la Motter dans les foffés de cette Place. En cet état, elle eût mis le petit nombre de troupes que la France avoit dans cette partie en état de fe maintenir derriere la riviere, en préfence du Prince qui fe feroit trouvé refferré entre elle & la Lauter. Quoi qu'il en foit, au refte, du fervice que, vu fon état actuel, ne put rendre Haguenau, M. de Coigni ne permit pas long-tems au Prince Charles de s'abandonner aux flatteufes efpérances que fa pofition pouvoit lui donner ; il vint de Landau , en ordre de bataille , le forcer dans Weiffembourg , le chaffer des lignes , & le repouffer au-delà du Rhin.

Maintenant , Meffieurs , à cette propo-fition de M. de Laclos , fi fimple en appa-rence , mais dans la vérité fubtile & vague , *Landau a été fortifié pour couvrir la baffe Alface,* fubftituez celle-ci plus exacte , & qui fuit évidemment de tout ce que je viens de dire ; *Landau a été fortifié pour fermer la baffe Alface à tout ennemi venant du Pala-tinat , ou même de l'autre côté du Rhin , entre Spire & Lauterbourg ; & pour en ren-dre le féjour très-peu sûr à celui qui , par tout autre point , y entrera de la Souabe , quand il aura laiffé en avant Landau* (ss) ; & vous concevrez alors comment le Prince Charles , ayant pénétré dans la baffe Al-

---

(ss) Car quelque part qu'on fuppofe en ce cas l'Armée Françoife , elle pourra toujours venir l'en chaffer , ou par Landau , ou par Strasbourg , fans qu'il s'y puiffe oppofer , tant qu'il n'aura pas l'une de ces deux Places.

face *malgré Landau*, en fut promptement chaſſé, *parce qu'il n'avoit pas Landau.*

Je ne ſaurois finir ſans dire un mot de ce que M. de Laclos appele *le ſyſtéme baſtionné* (page 26), *retourné depuis en tant de manieres, & toujours avec auſſi peu de ſuccès* (page 36); comme auſſi de la prétendue manie de Vauban de faire des baſtions, *quoique bien convaincu par ſon expérience & par celle des autres, que les Baſtions ne peuvent fournir qu'une défenſe très-inſuffiſante* (pages 43 & 44). Ce ſyſtême eſt en effet bien mauvais, s'il ne vaut pas mieux que les raiſons par leſquelles ſes partiſans l'ont, ſi j'en crois M. de Laclos, ſoutenu devant lui. *J'ai ſouvent entendu, dit-il, page 26, les partiſans du ſyſtéme baſtionné, vouloir tirer des inductions favorables à ce ſyſtéme de la longue défenſe de Caſſel* (*). (elle dura trois ſemaines) *par M. le Comte de Broglie. Cette illuſion ne ſera pas difficile à détruire* (je la croirois plus

______

(*) Obſervez que, ſi j'adopte ici la relation de M. de Laclos, c'eſt ſans la garantir, & même ſans y croire.

difficile à établir, puisque Caffel n'ayant
été que bloqué dans cette occafion, il im-
portoit fort peu qu'il eût ou n'eût pas des
baftions); *& de la vérité rétablie fortira au
contraire une preuve de fait à l'abri de mon
opinion.* Ici fuit l'hiftoire épifodique du *blocus* de Caffel, dans lequel je conviens de
bon cœur, avec M. de Laclos, que *l'enceinte baftionnée n'eft entrée pour rien;* mais
fi ce fait ne favorife en aucune façon fes
partifans, je ne vois pas mieux le parti
qu'en peut tirer fon adverfaire. Que con-
clure en effet de tout ce récit, finon (c'eft
M. de Laclos que je copie) qu'*un Corps
Hanovrien, peu confidérable, vint en former,
non le fiége, mais le blocus;* que *M. le
Comte de Broglie, qui y commandoit alors,
avoit à fes ordres une nombreufe & brave Garnifon, équivalente à une petite Armée* (mais
le Corps, peu confidérable,)d'Hanovriens
ne devoit faire auffi qu'une petite Armée);
*qu'on avoit des redoutes foutenues par des
bataillons entiers, & qu'on renouvelloit fouvent; qu'elles furent attaquées plufieurs fois*

&

*& sans succès ; qu'enfin l'ennemi se dégoûta
de ces combats inégaux* (suivant la relation
de Laclos, il risquoit plus en effet d'être
pris que de prendre), *& se retira au bout de
trois semaines de son blocus.* J'en conclurai
volontiers encore avec M. de Laclos, que
*la plus mauvaise Place peut devenir inex-
pugnable avec une Armée ;* j'ajouterai même
qu'une Armée peut l'être sans Place ; mais
entrevoyez - vous ici, Messieurs, quelque
chose qui prouve pour ou contre le mérite
des bastions, & concevez - vous que quelqu'un ait pu citer ces faits, pour prouver
l'excellence du *système bastionné ;* M. de
Laclos ne ressemble-t-il point ici à Pascal
qui ne rend jamais les Jésuites si ridicules
que lorsqu'il les fait parler ? Mais enfin ce
n'est pas l'affaire de M. de Laclos de défendre
ce système qu'il croit *qu'on auroit mieux
fait d'abandonner* (tt), *parce qu'il ne pouvoit
plus convenir à la nouvelle attaque, même
avant Vauban.* Mais c'étoit son rôle de le

(tt) Page 36 de la Lettre à l'Académie Françoise.

F

détruire ; & fans doute il l'a fait, Meſſieurs ;
fans doute il en démontre les vices, & dit
les moyens d'y parer. Point du tout ; liſez
& reliſez ſa lettre ; vous y verrez en plus
d'un endroit qu'il faut renoncer au *ſyſtéme
baſtionné*, mais vous n'y trouverez nulle
part, ni pourquoi, ni pour quel autre il
faut l'abandonner. M. de Laclos y dit bien,
page 42, que *l'art de la Fortification a,
comme tout autre, ſes regles conſtantes ; &
que c'eſt ſeulement l'application qui doit varier ſuivant le local.* Cette maxime eſt auſſi
vraie qu'ancienne ; auſſi les fronts de la Citadelle de Lille, & ceux de la couronne
d'Haurs à Givet, ne ſe reſſemblent pas plus
que les terreins ſur leſquels ils ſont établis ;
& tous ſont pourtant baſtionnés. L'Auteur
ajoute, il eſt vrai, *qu'il n'auroit pas fallu,
par exemple, élever des remparts baſtionnés
dans des terreins qui ne permettoient pas de
leur donner de bonnes proportions.* Mais
qu'induire delà, ſinon qu'il eſt fort inutile
de faire de mauvais baſtions où l'on n'en ſauroit faire de bons ? *Je demande*, continue-t-il ;

*si l’on ne doit pas à cet abus quantité de mau-
vaises Places ?* Mais qui jamais a cru que de
mauvais bastions pussent former une bonne
fortification ? *Mais,* c’est toujours M. de
Laclos qui parle, *quand on n’a qu’un même
moyen à employer par-tout, même dans les
lieux où il ne peut convenir, le génie ne
fera pas qu’il y convienne* (non, car il en
cherchera un autre) ; *ce qu’il doit faire
alors, c’est de recourir aux regles constantes
de l’art, pour en faire d’autres applications.*
Mais quelles font donc ces regles, si ce
n’est de flanquer, fans angle mort, toute
partie accessible, de rendre les feux perpendiculaires, & de les croiser le plus
qu’il est possible ? Les diverses applications
de ces regles se borneront donc toujours à
varier les proportions & les formes du *sys-
tême bastionné.* Car enfin, combinez, tant
qu’il vous plaira, des plans perpendiculaires,
observant toujours que tous les points de
chaque plan puissent être vus de tous les
points de quelqu’autre, sous l’angle le plus
approchant du droit qu’il se pourra, & tous

vos tâtonnemens vous rameneront. fans ceffe à des faces , des flancs & des courtines. Or voilà précifément le *fyftéme baftionné*, variable à l'infini dans les formes & dans les proportions , mais toujours dérivant du même principe. Je viens d'indiquer ce principe , quelques lignes plus haut , & n'imagine pas que M. de Laclos veuille ou puiffe le rejetter. Que veut-il donc dire , quand il nous preffe fi fort d'abandonner le *fyftéme baftionné*.

Il eft encore dans l'écrit de M. de Laclos bien d'autres endroits où j'aurois beau jeu, ce me femble, à le contredire. Mais mon feul objet , en prenant la plume, a été de défendre contre lui la mémoire du Maréchal de Vauban, qu'il a vivement attaquée. Il ne veut pas que *la Nation le compte au rang de fes grands hommes* (uu) ; il l'accufe *d'avoir paffé fa vie à fortifier , fans avoir fait faire un pas à l'art de la Fortification* (xx);

(uu) Page 10.
(xx) Page 14.

d'avoir coûté à la France plus de la moitié de la dette actuelle de l'Etat, pour laisser à découvert une partie de ses frontieres, & ne donner à l'autre que de foibles défenses (yy); en conséquence de ces découvertes que M. de Laclos a faites, ou du moins publiées le premier, il assure Messieurs de l'Académie Françoise qu'un éloge public honore plus Vauban qu'il ne mérite; que cet éloge va même devenir funeste à la chose publique; soit en dégoûtant de la gloire ceux qui peuvent y prétendre, & qui rougiroient sans doute de partager avec le Maréchal de Vauban, les hommages de la postérité; soit sur-tout en consacrant à jamais ses nombreuses erreurs (zz).

Ce que j'ai dit, Messieurs, suffit, je pense, pour vous mettre à même d'apprécier avec exactitude ces surprenantes

---

(yy) Page 15.

(zz) Ce que je viens de dire là est en partie mot pour mot, mais entiérement quant au sens, extrait de l'écrit de M. de Laclos; voyez les pages 5 & 6, celles 46 & 47; ou, pour mieux dire, voyez toute la Lettre.

Tertions de M. de Laclos ; prononcez maintenant entre Vauban & lui.

Je suis avec bien du respect,

MESSIEURS,

Votre très-humble & très obéissant serviteur,

DE LERSE,

Capitaine au Corps Royal du Génie.

A BREST, le 1er Juillet 1786.

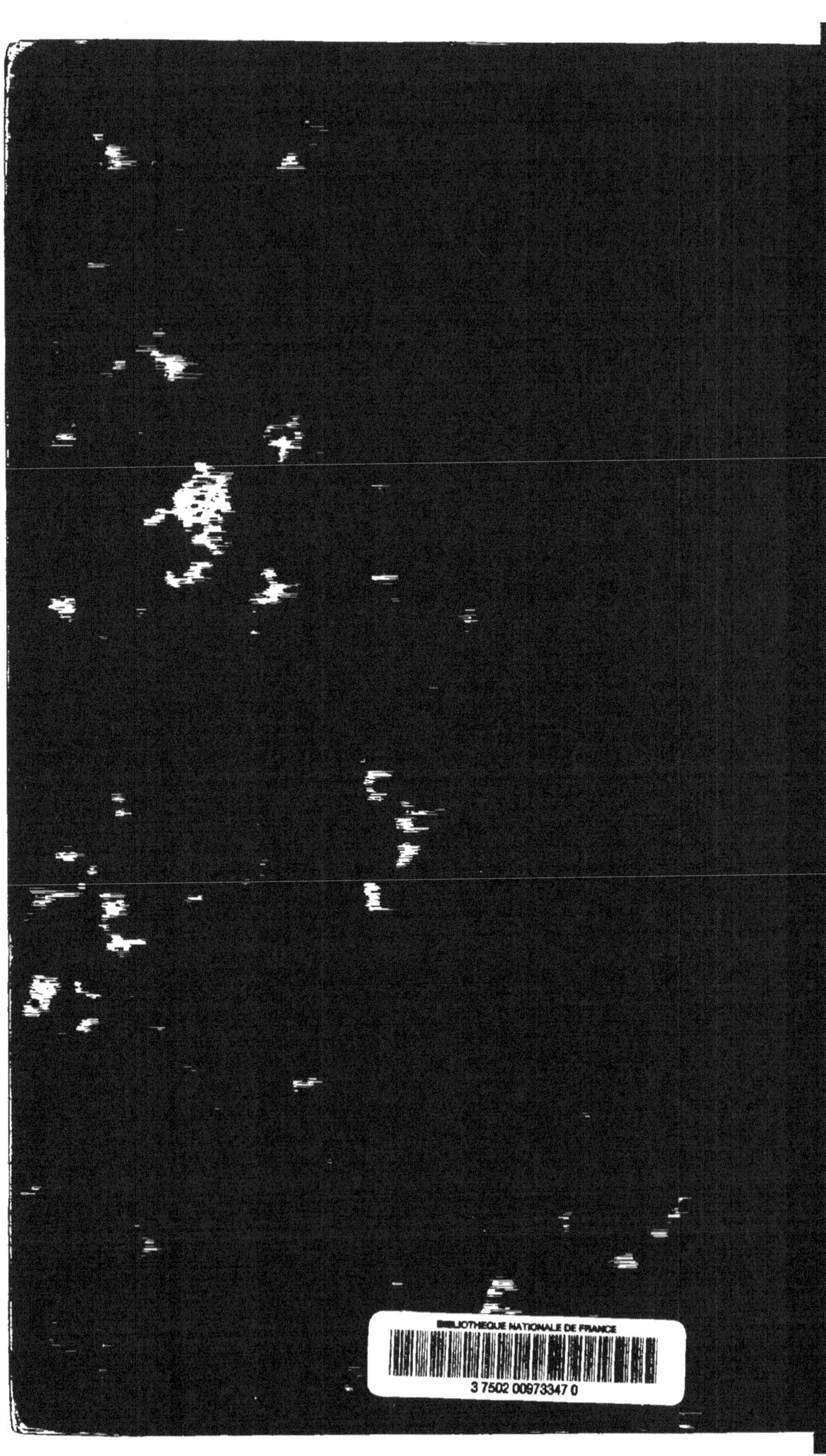